外国人の人権への
アプローチ

近藤 敦 ［編著］
KONDO Atsushi

奥貫妃文
申 惠丰
佐藤潤一
菅原 真
宮崎 真
難波 満
関 聡介

明石書店

まえがき

　本書は、外国人の人権に関し、講義や演習などで使用するためのテキストとして構想された。本書1冊で、今日の問題状況が、おおむねわかるように工夫されている。

　そもそも、「人間がただ人間であることにのみ基づいて当然にもっている権利」という本来の人権の意味に立ち返るならば、外国人の人権という表現は、誤解をもたらす可能性の大きい言葉である[1]。外国人の権利と呼んだ方がよいかもしれない。人権であるならば、国民であれ、外国人であれ、すべての人が享有する権利である。しかし、特別に「外国人の人権」と呼んでいる場合は、「外国人に保障されない人権」が存在することを前提としているものと思われる。たしかに、憲法や人権条約が定める人権規定のうち、その保障領域が外国人ないし一部の外国人には及ばないと解されているものがある。

　ただし、人権条約は、一般に、すべての人の権利を定めており、憲法の人権保障を拡充する役割を果たす要素を含んでいる場合が多い[2]。本書では、外国人の人権をめぐる国内法上の多くの論点を解説し、裁判例を分析しながら、人権条約や憲法に照らして問題を解決する指針を検討

1　憲法や人権条約が定める人権規定が、外国人の場合には、どのように現実に保障されているのかを問題とする上で、「外国人の人権」という言葉を本書では用いることにする。
2　他方、人権条約の方が憲法その他の国内法に比べ人権保障の範囲が狭い場合には、国内法を優先すべきことを主要な人権条約は定めている。たとえば、自由権規約5条2項、社会権規約5条2項、女性差別撤廃条約23条、子どもの権利条約41条参照。

する場面が随所にみられる。

　序章は、総論的に、外国人の態様と権利の性質に応じた人権保障のありようを概観した。権利の性質によって、国民と等しく外国人にも保障される場合もあれば、一定の外国人に一定の制約が認められる場合もある。一口に外国人といっても、その態様は様々である。たとえば、永住者等、その他の正規滞在者、非正規滞在者によって、その権利状況が大きく異なる。

　第1章は、いわゆる自由権規約（市民的及び政治的権利に関する国際規約）における市民的権利をめぐる問題を検討した。市民的権利とは、市民社会におけるすべての人の権利として、平等権、プライバシーの権利などの幸福追求権、適正手続などの人身の自由、集会の自由などの精神的自由、裁判を受ける権利などの受益権を含み、原則として外国人住民にも保障されている。ただし、政治的な表現の自由や、入国の自由・居住の自由などの経済的自由については一定の制約がみられる。

　第2章、第3章および第4章は、経済的権利、社会的権利および文化的権利について考察した。いわゆる社会権規約（経済的、社会的及び文化的権利に関する国際規約）における経済的権利は、職業選択の自由と労働に関する諸権利を含む。財産権は、市民的権利に含める意見と経済的権利に含める意見の一致をみず、国際人権規約での規定は見送られた。しかし、ここでは経済的権利の問題として扱うことにした。社会的権利としては、恩給法・戦争犠牲者援護法の問題、無年金問題、生活保護法の問題、国民健康保険法の問題などを検討している。比較的新しい権利としての文化的権利は、伝統的な教育を受ける権利の問題を中心に論じつつ、マイノリティの文化享有権をめぐる新たな可能性にも言及している。

　第5章は、自由権規約における政治的権利にあたる、選挙権・被選挙権と、公務就任権の問題を検討している（ただし、今日の日本の憲法学説では、政治職を除く公務就任権の性格は、政治的権利というよりも、職業選択の自由の問題として考える傾向が有力である）。また、住民投票権や外国人市民代表

者会議を通じた外国人の政治参加の新しい試みも分析している。一般に、人権の発展の歴史は、国民にとっては、市民的権利、政治的権利、社会的権利の順に語られることが多い。しかし、定住する外国人にとっては、福祉社会の構成員として社会的権利が先に保障され、とりわけ自治体における政治的権利の保障が現代の課題とされている。

　第6章、第7章および第8章は、外国人の態様に応じた問題を整理した。永住者等の権利については、永住者、特別永住者、日本人の配偶者等、永住者の配偶者等および定住者に分けて論じ、在留資格の重要性と日本人との違いなどを考察している。家族生活、生活保護、住宅ローンなど日常生活における多様な論点を取り上げ、永住者等の人権の課題を検討する。その他の正規滞在者の権利については、入国・在留管理システムと経済的権利・社会的権利・表現の自由・プライバシー権との関係を概観し、技能実習制度、高度外国人材受入れ制度をめぐる問題を論じている。とりわけ、社会保障の受給資格の点では、中長期滞在者と短期滞在者の区別も不可欠である。非正規滞在者の権利については、人身の自由の保障が実質的にみて相当程度希薄であり、居住・移転の自由、職業選択の自由が認められず、多くの社会権が行政庁の判断によって制約されている。なお、外国人の権利保障の違いは、永住者等、その他の正規滞在者、非正規滞在者といった大まかな3通りにかぎらず、細かく見れば、多様なグラデーションを形成している。

　最後に、読者の便宜のために、巻末には、外国人の人権をめぐる主要な判例の抄録をかかげている（また、少数意見が付されている判決には、主要な少数意見の抄録も付けている。判決原文で漢数字となっている、年月日、出典、法令の条数等については、算用数字に改め、判例中の音便についても、原典にかかわらず促音の「っ」を用いて、読みやすくした）。戦後70年を迎え、日本社会のありようも多くの変化がみられるようになっている。近年、ヘイトスピーチをめぐる深刻な人権侵害に対する損害賠償と差止めを最高裁も認めた。差別禁止法をはじめ新たな法整備の必要性もしだいに認識されつ

つある。非嫡出子に対する国籍法の規定を違憲とした最高裁判決では、生まれによる差別を禁じた自由権規約や子どもの権利条約にも言及している。外国人の人権に関するリーディングケースとされたマクリーン事件判決の枠組みについても、元最高裁判事が再考を促しており、法務大臣の裁量の合理性や妥当性の審査において「憲法や条約等の趣旨を判断基準として取り入れる」ことを忘れるべきではない[3]。憲法や人権条約を社会の発展のために活かすための処方箋が、本書には散りばめられている。本書が21世紀をになう読者の「人権」についての理解の一助となり、今後の多文化共生社会の進展に寄与する一端をになうことができれば、望外の幸せである。

2015年1月　　編者　近藤　敦

3　泉徳治「マクリーン事件最高裁判決の枠組みの再考」『自由と正義』62巻2号（2011年）20頁。

外国人の人権へのアプローチ

目次

まえがき ………………………………………………………… 3

序章　外国人の態様と権利の性質 …… 11
 はじめに ……………………………………………………… 11
  1．市民的権利（自由権・受益権・包括的人権）……… 14
  2．経済的権利 ……………………………………………… 17
  3．社会的権利 ……………………………………………… 18
  4．文化的権利 ……………………………………………… 20
  5．政治的権利 ……………………………………………… 22
 おわりに ……………………………………………………… 25

第1章　市民的権利 …… 27
 はじめに――市民社会におけるすべての人の権利 ……… 27
  1．精神的自由 ……………………………………………… 28
  2．入国の自由と居住の自由 ……………………………… 29
  3．身体の自由 ……………………………………………… 31
  4．幸福追求権と平等 ……………………………………… 33
  5．受益権 …………………………………………………… 35
  6．国籍の取得と喪失 ……………………………………… 38
 おわりに――家族の権利と子どもの権利 ………………… 40

第2章　経済的権利 …… 43
 はじめに ……………………………………………………… 43
  1．職業選択の自由 ………………………………………… 44
  2．労働権 …………………………………………………… 51
  3．財産権 …………………………………………………… 57

第3章　社会的権利 …… 60
　はじめに …… 60
　1．戦争犠牲者援護関係の諸法の国籍条項 …… 62
　2．国民年金法の国籍条項と経過措置——無年金の問題
　　 …… 65
　3．生活保護法 …… 70
　4．国民健康保険法——「住所」要件と外国人 …… 73

第4章　文化的権利 …… 77
　1．文化的権利とはなにか …… 77
　2．教育を受ける権利 …… 80
　3．多文化教育という視点 …… 90
　まとめ …… 93

第5章　政治的権利 …… 94
　はじめに …… 94
　1．外国人の選挙権・被選挙権 …… 99
　2．外国人の公務就任権 …… 110
　3．外国人の住民投票権 …… 115
　4．外国人市民代表者会議 …… 118
　おわりに …… 120

第6章　永住者等の権利 …… 122
　はじめに …… 122
　1．在留資格の重要性と日本人との違い …… 125
　2．個別的な在留資格の説明 …… 126
　3．永住者等の人権における論点 …… 132

第7章　その他の正規滞在者の権利 …………………… 142
　はじめに ………………………………………………… 142
　1．入国・在留管理システムとその他の正規滞在者の
　　　権利保障上の問題点について ……………………… 144
　2．その他の正規滞在者における個別の権利保障上の
　　　問題点 ………………………………………………… 149
　おわりに ………………………………………………… 153

第8章　非正規滞在者の権利 …………………………… 155
　はじめに ………………………………………………… 155
　1．非正規滞在者の人権状況（概観）………………… 158
　2．非正規滞在者の人権状況（各論）………………… 160
　3．非正規在留者をめぐる近時の動向と今後の展望
　　　………………………………………………………… 168

　巻末資料（重要判例抄録）……………………………… 175
　索　引 …………………………………………………… 201
　執筆者紹介 ……………………………………………… 205

序章

外国人の態様と権利の性質

近藤　敦

はじめに

　外国人の態様に応じて、権利保障の状況は異なっている。(旅行者などの一時的な滞在者や外交や公用などの特権的な在留資格の場合を除いて) 一般に、外国人の権利は、「永住者等」[1]「その他の正規滞在者」「非正規滞在者」の3通りに大きく分けて整理することができる。第1に、ここでいう**永住者等**は、旧植民地出身者とその子孫に対する入管特例法[2]に基づく「特別永住者」、入管法別表第2[3]の定める「永住者」、「日本人の配偶者等」、「永住者の配偶者等」および「定住者」をさす。その権利は、かな

1　参照、近藤敦『外国人の人権と市民権』(明石書店、2001年)。そこでは、「永住市民」という名称を用いることで、国民に近い権利状況とその発展の可能性を特徴づけている。なお、後述する2011年の永住者の生活保護に関する判例では、「永住的外国人」と表記している。
2　1991年に制定および施行された「日本国との平和条約に基づき日本の国籍を離脱した者等の出入国管理に関する特例法」。
3　1951年の出入国管理令 (1952年に法律としての効力を認められ、出入国管理法と呼ばれる) が、1981年の難民条約加入により1982年の出入国管理及び難民認定法に改正され、1989年の入管法改正が施行された1990年から (活動に基づく) 別表第1と (地位または身分に基づく) 別表第2に在留資格が再編された。

り国民に近い形で保障され、在留活動の制限はない。第2に、**その他の正規滞在者**は、入管法別表第1の定めるその他の在留資格を有する者をさす。在留活動に制限があり、一定の権利の保障が十分でない場合がある。第3に、**非正規滞在者**は、正規の在留資格をもたない者をさし、密入国をしたり、在留期間を超過したりする場合がある[4]。就労その他の在留活動は原則として認められておらず、その権利の保障は弱い。

また、外国人の権利保障は、権利の性質により異なっている。かつて、憲法第3章のタイトルが「国民の権利及び義務」とあることを根拠に、外国人には憲法上の人権保障が及ばないとする「無保障説」[5]や、「何人も」で始まる規定は外国人も含まれ、「国民は」で始まる規定は、外国人を含まないとする「文言説」[6]も唱えられた。しかし、人権の前国家性と国際協調主義から、文言よりも、権利の性質によって、判断する**「性質説」**(ないしは外国人の態様と権利の性質に基づく「性質・態様説」)が通説とされる[7]。判例は、巻末にかかげる**マクリーン事件**最高裁以後、性質説を採用し、「基本的人権の保障は、権利の性質上日本国民のみを対象としていると解されるものを除き、わが国に在留する外国人に対しても等しく及ぶ」という[8]。しかし、通説には、性質の判定基準をなにに

---

4 「不法滞在者」という用語は、刑法犯としての「犯罪者」をイメージしたり、基本的人権の制約が容易に正当化される意味合いをもって使われたりすることが多く、illegal ではなく、irregular を用いる国連での用語法にならい、本章では「非正規滞在者」とする。
5 佐々木惣一『日本国憲法論』(有斐閣、1949年) 467頁。
6 入江俊郎『日本国憲法読本』(海口書店、1948年) 66-7頁。
7 芦部信喜『憲法学Ⅱ——人権総論』(有斐閣、1994年) 130頁。
8 最大判1978 (昭和53) 年10月4日民集32巻7号1223頁。判例上は、「永住者等」に地方選挙権を法律により保障することは憲法が禁止していないという判断も示している (最判1995 [平成7] 年2月28日民集49巻2号639頁)。しかし、特別永住者の地方公務員の管理職昇進については、外国人一般の問題として扱っており (最大判2005 [平成17] 年1月26日民集59巻1号128頁)、外国人の態様に応じた解釈には積極的ではない点もある。

求めるのかが定かではない問題がある。憲法98条2項の条約の誠実遵守義務からすれば、性質を判断する基準を日本の締結した人権諸条約に求める有力な学説もあり[9]、国際人権規約などが参照されるべきである。本書では人権条約と憲法の整合的な解釈に留意する。

なお、外国人の法的地位は、時代とともに、権利保障が向上してきている[10]。日本の戦後の外国人法制は、4つの時期に区分できる。それぞれの時期の基本方針と新たな権利課題を抽出すると、①「排除と差別と同化(1945-1979):市民的権利」、②「平等と『国際化』(1980-1989):社会的権利」、③「定住と『共生』(1990-2005):政治的権利」、④「『多文化共生』(2006-):文化的権利」となる[11]。①から②にかけて、経済的権利の課題も重要であった。②は国際人権規約の批准・難民条約への加入に伴う入管法改正、③は入管法改正に伴う在留資格の再編成、④は総務省の多文化共生推進プランが直接の変革要因となっており、背景には人の国際移動と国際的な人権保障の高まりがある。

参考までに、正規滞在の外国人の権利保障について、2010年5月段階の37カ国の状況を比較する国際比較研究では[12]、日本の権利保障は、相対的に不十分であることがわかる。労働市場参加、家族呼び寄せ、永住許可を含む7分野の評価項目のうち、とりわけ、差別禁止法制と教育の評価が低く、政治参加と国籍取得がそれに続く。

---

9 岩沢雄二「外国人の人権をめぐる新たな展開」『法学教室』238号(2000年)15頁。
10 歴史的に、国家は外国人の処遇について、敵視・賤外・排外・相互・平等主義へと移行してきたといわれる。萩野芳夫『判例研究 外国人の人権――国籍・出入国在留・戦後補償』(明石書店、1996年)31頁。
11 参照、近藤敦「在日外国人をどう受け入れていくのか――多文化共生社会の課題と展望」『外交フォーラム』250号(2009年)48-51頁。
12 MIPEX (Migrant Integration Policy Index):<http://www.mipex.eu/>. 参照、A. Kondo and K. Yamawaki, MIPEX and Japan: Findings and Reflections. *OMNES: The Journal of Multicultural Society* 4: 2 (2014), pp. 59-80;近藤敦「移民統合政策指数(MIPEX)と日本の法的課題」『名城法学』62巻1号(2012年)77-107頁。

本書の序章として、ここでは、まず、市民的権利をめぐる諸問題を概観する。ついで、経済的権利に関する問題を考察する。さらに、社会的権利の問題を分析する。加えて、文化的権利、とりわけ教育を受ける権利についても略述する。その上で、政治的権利をめぐる課題を検討する。最後に、外国人を永住者等、その他の正規滞在者、非正規滞在者の３つのグループに分けて、その態様と権利の性質についての概略を整理する。

１．市民的権利（自由権・受益権・包括的人権）

　第２次世界大戦後、（オールドカマーと呼ばれる）旧植民地出身者とその子孫である在日韓国・朝鮮・台湾人は、衆議院議員選挙法を改正した1945年に選挙権を停止され、1947年の外国人登録令で外国人とみなされた[13]。旧植民地の領土を放棄した1952年のサンフランシスコ平和条約発効に伴い、法務府（当時の法務省）の通達により[14]、日本国籍を喪失し、外国人として処遇されることになった[15]。このため、当初、その居住権は不安定であり[16]、場合によっては家族が離散することもあった[17]。また、国籍を喪失したため、「公権力の行使または国家の意思の形成

13　旧植民地出身者とその子孫も、国籍法上は日本国籍を有していたので、いったんは、1948年の文部省の通達により、在日コリアンも、日本人同様の就学義務があるとされ、民族学校の設置が禁止された。官学５号文部省学校教育局長通達（1948年１月24日）。
14　民事甲第438号法務府民事局長通達（1952年４月19日）。
15　生活保護を除く、多くの社会保障制度から排除された。義務教育の対象者としての教育を受ける権利も喪失し、公立学校への入学は認められたものの、公立学校における民族教育を受ける権利は認められなかった。
16　ポツダム宣言の受諾に伴い発する命令に関する件に基く外務省関係諸命令の措置に関する「法126-2-6」、および子の場合は、旧入管法の特定在留「4-1-16-2」による。その後、いわゆる韓国籍は、1965年の日韓法的地位協定による協定永住者となり、重大犯罪の場合に退去強制事由が制限された。その他の人も1981年の入管法改正に伴い、1982年から1986年までに届出による特例永住が認められたが、３世以後の在留資格は未解決であった。

への参画」にたずさわる公務員の職を失わないためには、帰化により日本国籍を取得する必要があった。この公務員に関する「当然の法理」は、1953年の法制局の回答の中で定式化され[18]、地方公務員については、1978年の自治省の回答にみられる[19]。当時の帰化手続は、日本的氏名に変えることを要求するなど[20]、同化主義的な要素が強かった。

　第1章で扱う（国際人権規約にいう）**市民的権利**は、日本の憲法学でいうところの自由権、受益権、平等や幸福追求権を含んでいる。一般に、精神的自由は、外国人にも保障される。ただし、政治活動の自由（政治的な表現の自由）については、「わが国の政治的意思決定又はその実施に影響を及ぼす活動等」は除くとするのが判例の立場である[21]。もっとも、外国人の政党活動も、今日、認められている。上記の判例のような、適法なデモへの参加が在留資格の更新の不許可の理由とされた事件は、その後、聞かない。

　人身の自由も、一般に、外国人に保障される。ただし、行政手続法は入国管理と国籍に関しては適用除外とされているので、適正手続の保障が弱い。行政官の発する収容令書で、収容の必要性を個別に審査することなく長期に収容する点など、収容・退去強制における適正手続のあり方は再検討を要する。

　経済的自由に分類されるが、多様な性質を有する居住・移転の自由に

17　家族の離散を防止すべく、1965年の日韓法的地位協定までは、毎年、2000件以上の在留特別許可が認められている。
18　法制局1発第29号内閣総理大臣官房総務課長栗山廉平あて法制局第一部長高辻正巳回答（1953年3月25日）。
19　自治公1第28号大阪府総務部長あて公務員第一課長回答（1978年5月28日）。
20　1984年の国籍法・戸籍法改正作業の過程において、1983年から従来の方針を改め、法務省は帰化実務を担当する法務局等に対し、「日本人らしい氏名を使用するよう指導することを行わない」旨の通知を出している。参照、参議院議員竹村泰子君提出人種差別撤廃条約の実施をめぐる諸問題に関する質問に対する答弁書：内閣参質147第40号（2000年7月14日）。
21　マクリーン事件・最大判1978（昭和53）年10月4日民集32巻7号1223頁。

ついては、永住者の場合は、在留期間の更新は不要である。他の「永住者等」の場合も、その他の正規滞在者とは違い、原則として在留期間は更新される。

受益権は、裁判を受ける権利、請願権および刑事補償請求権については、すべての外国人に保障される。例外的に、国家賠償請求権は、相互主義の制約を定めており（国家賠償法6条）、いわゆる途上国出身者への差別をもたらすため、法改正が必要である。

包括的人権としての幸福追求権と平等は、外国人にも適用されるものと考えられている。たとえば、巻末にかかげる**指紋押捺事件**では、憲法13条が「何人もみだりに指紋の押なつを強制されない自由」を保障するという。もっとも、以前の外国人登録法が、外国人の指紋押捺を義務づけていたことは、戸籍制度のない外国人の人物特定につき最も確実な制度として、合理性と必要性が認められるとして憲法14条には違反しないとされた[22]。1980年代の日本版公民権運動と評される指紋押捺拒否運動もあり、1992年および1999年の外国人登録法の改正で指紋押捺制度はいったんは廃止された。しかし、2006年の入管法改正により、特別永住者などを除く外国人は、指紋や顔写真などの生体情報を入国審査時に採取され、テロ対策などに用いられるようになった。政府の国会答弁によれば、個別に必要性を判断して、採られた指紋が一般の犯罪捜査にも使われうる点は、重大なプライバシー侵害の問題を抱えている。

国は男女雇用機会均等法や障害者差別解消法を定めたものの、民族差別禁止法ないしは包括的な人権委員会設置法などの差別禁止法の取り組みが不十分であり、法整備が国の急務の課題である。また、宮城県などでは**多文化共生推進条例**も制定されている。多文化共生推進の計画や指針をその担当部署がになうだけでなく、他の部署や住民の意識の涵養のためにも、国の立法化や多くの自治体の条例化が望まれる。

---

[22] 最判1995（平成7）年12月15日刑集49巻10号842頁。

2．経済的権利

憲法学における経済的自由のうち、職業選択の自由は、国際人権規約では第2章で扱う経済的権利として分類されている。「永住者等」を除く外国人の場合、その在留資格が認める職業に職業選択の自由が限定される。また、法律上、公証人[23]、水先人[24]は、外国人には認められず、電波法5条1項1号が外国人には放送免許を認めず、同条4項が基幹放送局の外国人役員の割合を5分の1未満に制限している。

1947年の労働基準法が労働条件についての国籍差別を禁じているものの、かつて雇用に関する国籍差別は、公務員に限らず、民間企業においても広く行われ、いわば、実質的な職業選択の自由が大きく制限されていた。1974年の日立就職差別裁判により国籍（ないし民族）差別が認定された[25]。しかし、多くの企業が雇用における国籍差別を見直す時期は、社会保障立法や地方公務員の国籍要件の撤廃がみられる1980年代や1990年代まで遅れた。雇用における国籍差別・民族差別を禁ずる差別禁止法の制定が望まれる。

財産権は、東西陣営の考え方の違いもあって、国際人権規約には含まれていないが、本書では経済的権利の問題として扱うことにする。鉱業法17条は、特別な条約のないかぎり、鉱業権者を日本国民と日本国法人に限定している[26]。

憲法学では社会権として分類されるものの、国際人権規約では経済的

23　公証人法12条1項。
24　水先法6条1号。
25　横浜地判1974（昭和49）年6月19日判時744号82頁。在日朝鮮人であることを理由とする解雇の無効を確認し、当該解雇が不法行為にあたるとして損害賠償が認められた。
26　外国企業が日本国法人である子会社を通じて鉱業権を間接保有することは、可能である。

権利として分類される、勤労の権利や労働基本権は、本来、すべての外国人労働者に保障されるべきである。労働関係法令の「労働者」には、在留資格に認められていない在留活動をする**「無資格就労者」**も含まれる。旧労働省の通達によれば、労働関係法令は、日本国内における労働であれば、日本人であると否とを問わず、また、無資格就労であると否とを問わず適用される[27]。なお、職業安定法3条は「国籍」を理由とした、職業紹介、職業指導等における差別的取扱いを禁じている。

3．社会的権利

1979年の国際人権規約の批准および1981年の難民条約への加入に伴い、日本政府は、様々な社会保障関連法から国籍要件を撤廃した。しかし、戦傷病者戦没者遺族等援護法などの国籍要件は残された。インドシナ難民の受入れを迫られた国際情勢のもとに必要な制度改革を行う側面が強く、外国人の権利向上に向けた政府のイニシアティブは弱かった[28]。

社会権の中心的な権利としての生存権は、今日の福祉国家においては、内外人平等の原則が採用される。しかし、日本では、一定の外国人には、いまなお一定の制限が残っている。巻末にかかげる**塩見訴訟**では、国民年金法の国籍要件が1980年代に撤廃されたのちも、改正前に障害を発症した場合は[29]、障害福祉年金が受給できないとされた。最高裁は、限られた財政状態を理由に自国民を優先的に扱うことも許されるとして、

---

27 基発第50号・職発第31号（1988年1月26日）。通達は、「不法就労」という用語を使っているが、「不法滞在者」の用語と同様の理由で適当ではなく、undocumented workerという英文の一般的な表記のように、「無資格就労者」という表現が適当である。
28 一方、女性差別撤廃条約の批准は、父系血統主義から父母両系血統主義に国籍法を変更させた。この国籍法改正は、日本語の「常用平易な文字」を使用すれば外国姓を戸籍に記載することを認める新たな戸籍法により、日本的氏名を強要する帰化手続を廃止する副産物を伴った。

広い立法裁量を認めた[30]。国民年金法の国籍要件を撤廃した後も、一定年齢以上の高齢者には、老齢基礎年金が認められない問題も残っている。すでにかなりの自治体が独自に福祉給付金を整備しているが、抜本的な国の法改正が求められている。

　また、生活保護法1条・2条は、「国民」という文言があることもあり、明文の国籍条項を定めていない[31]。1990年の行政裁量によって生活保護の準用を永住者等に限定した[32]。2011年の福岡高裁判決は、「一定範囲の外国人も生活保護法の準用による法的保護の対象になるものと解するのが相当であり、永住的外国人……がその対象となることは明らかである」と判示した[33]。しかし、巻末にかかげる**永住者生活保護事件**の2014年の最高裁判決では、「外国人は、行政庁の通達等に基づく行政措置により事実上の保護の対象となり得るにとどまり、生活保護法に基づく保護の対象となりうるものではなく、同法に基づく受給権を有しないものというべきである」と判示した[34]。なお、その他の正規滞在者は、就労が制限されているので補足性の原理に基づいた稼動能力の活用が不可能であるから、非正規滞在者は、生活保護目的の入国を助長するおそれがあるから、という理由により、準用の対象外とされている。し

29　原告は、1934年に「帝国臣民」として生まれ、1952年に通達により「外国人」とされ、日本人と結婚し、1970年から帰化して「日本国民」となったが、1959年の失明当時、「韓国籍」の「外国人」であった。
30　最判1989（平成元）年3月2日判時1363号68頁。
31　かつては1954年5月8日の「生活に困窮する外国人に対する生活保護の措置」（社発第382号）において、在留資格の有無を問わず、生活困窮者にも準用して医療扶助を実施できる旨の厚生省社会局長の通達があった。
32　1990年10月25日厚生省保護課の生活保護指導監督職員ブロック会議における口頭指示。
33　福岡高判2011（平成23）年11月15日判タ1377号104頁。また、同じ原告による別の裁判において、行政不服審査法の適用が外国人にも及ぶ旨の確定判決を導いている。大分地判2010（平成22）年9月30日判時2113号100頁。
34　最判2014（平成26）年7月18日LEX/DB25504546。

かし、緊急医療における医療扶助については、すべての困窮者に適用すべきであろう。加えて、国民健康保険法5条の「住所を有する者」という規定に対し、正規滞在者のうち1年未満の滞在予定の者、および非正規滞在者が国民健康保険に加入できないという通知も制約として存在した[35]。最高裁は「住所を有する者」とは、「在留資格を有しないものを被保険者から一律に除外する趣旨を定めた規定であると解することはできない」と判示した[36]。しかし、判決後に厚生労働省は、従来の通知とほぼ同様の内容を同法施行規則1条に定めるという解決方法を選択したにすぎない。第3章では、社会的権利の人権条約との整合性について検討する。

4．文化的権利

2001年にニューカマーと呼ばれる南米日系人を中心とする外国人住民が多数居住する市町により**外国人集住都市会議**が創設され、2004年に類似の状況にある県市が**多文化共生推進協議会**を設置し、国に対して様々な提言を行っている。2005年に人口減少がはじまり、今後のグローバル化の進展および人口減少傾向を勘案すると、外国人住民のさらなる増加が予想される。このため2006年に総務省は「**地域における多文化共生推進プラン**」[37]を策定し、全国の都道府県や政令指定都市に、指針や計画の整備を求めた。同プランにおける「コミュニケーション支援」

35　1992年3月31日厚生省保険発第41号。2012年7月9日の改正住民基本台帳法の施行により、3か月を超える滞在を基準とする。
36　最判2004（平成16）年1月15日判時1850号16頁。最高裁判決を受けて、被告の横浜市は、在留特別許可の審査中であったため、国民健康保険被保険者証の交付を拒否された原告の高額な治療費は、国民健康保険での支払いを可能とした。
37　総務省「地域における多文化共生推進プラン」（2006年3月27日：http://www.soumu.go.jp/kokusai/pdf/sonota_b6.pdf）。

は文化的権利を保障するものであり、「生活支援」は、教育、医療、労働などの社会権の保障に仕える。「地域づくり」としての「社会参画」に参政権の保障が加えられていない点など、国の法改正が必要な問題は手付かずの状況にあるが、多くの自治体で指針や計画が整備されてきた[38]。今後は文化の多様性を活かした魅力的な街づくりのメリットを高める取り組みも課題であろう。

　日本の憲法学では、**教育を受ける権利**は、社会権と位置づけられるが、国際人権規約では、第4章の扱う文化的権利の重要な要素とされる。教育を受ける権利を有する者を憲法26条1項が「国民」と規定していることと、同2項が「国民」に対し、「その保護する子女に普通教育を受けさせる義務」を課し、「義務教育を無償」としていることから、外国人の権利保障について政府は消極的に考えてきた。たとえば、1953年には「外国人子弟の就学義務について日本の法律による就学義務はなく、また外国人がその子弟を市町村学校に入学させることを願い出た場合、無償で就学させる義務はない」とされた[39]。しかし、社会権規約13条（または子どもの権利条約28条1項）が「教育についてのすべての者（または児童）の権利を認め」、「初等教育は、義務的なものとし、すべての者に対して無償のものとする」と定めている。そこで日本の実務でも、1995年からは、義務教育の学校への就学予定者には、就学案内を通知するようになった。外国人には「就学義務」がないことを理由として、在留カードをもたず、住民登録をしていない学齢期の子どもの受入れを教育委員会が拒否したり、不登校または未就学となっている学齢期の外国人

38　2012年7月現在で、全国で559の地方自治体（全地方自治体の約3割程度）が多文化共生を推進するための指針や計画を策定している。総務省「多文化共生の推進に関する研究会報告書——災害時のより円滑な外国人住民対応に向けて」1頁（2012年12月：http://www.soumu.go.jp/menu_news/s-news/01gyosei05_02000032.html）。
39　1953年1月20日の文部省初等中等教育局財務課長回答。

の子どもを放置したりすることは、許されない[40]。憲法 26 条のような親の就学させる義務ではなく、社会権規約 13 条・子どもの権利条約 28 条 1 項のように、学校や教育委員会の受入れ義務の意味に就学義務を読み替えるべきである。また、外国人の子どもの民族教育を受ける権利をどのように保障していくかを検討する必要がある。公立学校での母語教育の設置、私立の外国人学校への公費助成の拡充が課題である。さらに、日本語教育については、自治体のニーズに即した独自の取り組みも望まれる。加えて、国は司法通訳の養成に努める必要があり、国の制度がないかぎりは、自治体は独自に医療通訳と行政通訳の養成に取り組む必要がある。

5．政治的権利

1990 年に施行された改正入管法は、日系人とその家族に永住類似の在留資格を認め、1991 年の入管特例法は、旧植民地出身者とその子孫に「特別永住者」の地位を認めた[41]。1998 年に公表された永住許可の基準では、従来の 20 年ではなく、一般に 10 年（5 年や 3 年の例外があり、日本人の実子は 1 年）の居住が目安とされた。2000 年の法務省の第二次出入国管理基本計画では、「定着化の支援を行っていくことにより、日本人と外国人が円滑に共存・共生していく社会づくりに努めていく必要」を明記する[42]。定住を前提とする場合、共生社会の実現に向けた政治参加

40　24 文科初第 388 号文部科学省初等中等教育局長通知（2012 年 7 月 5 日）の「外国人の子どもの就学機会の確保に当たっての留意点について」では、「仮に、在留カード等の提示がない場合であっても、一定の信頼が得られると判断できる書類により、居住地等の確認を行うなど、柔軟な対応を行うこと」とある。

41　特別永住者は、一般の永住者よりも、退去強制がより困難であり、7 年以上の懲役・禁固の実刑で、法務大臣が日本国の重大な利益が害されたと認定するなどの特別な場合に限られる（入管特例法 22 条）。一般の永住者の場合は、7 年以上の懲役・禁固の実刑の場合に、退去強制事由となる（入管法 24 条）。

の問題も重要な課題となる。

　第5章で扱う政治的権利については、特別永住者が、**地方選挙権**の憲法上の保障を求めた**定住外国人地方選挙権訴訟**において、巻末にかかげるように、最高裁は、請求を棄却しながらも、「永住者等であってその居住する区域の地方公共団体と特段に緊密な関係を持つに至ったと認められるもの」に法律により地方選挙権を認めることが憲法上禁止されていないと判示した[43]。しかし、国会では、永住外国人の地方選挙権法案をめぐるその後の進展がみられないままである。

　選挙で選ばれる政治職の公務員と違い、行政職の場合は、本来、政治的権利の問題というよりも、職業選択の自由の問題として位置づけるべきである[44]。**公務就任権**は、対外主権を代表する外務公務員だけが法律上、外国人に否認されているにすぎない[45]。しかし、従来、参政権との類似性が強調されたこともあって、「公権力の行使または公の意思形成に携わる公務員」となるには日本国籍が必要であることは、「当然の法理」とされてきた。もっとも、これには批判も多く、教育職や技術職をはじめ、地方公務員の一般職についても、門戸が開放されてきた。しかしながら、巻末にかかげる**地方公務員管理職昇任差別事件**にみられるように、地方公務員の管理職には、日本国籍を要件とする東京都の任用制度を最高裁は合憲とした[46]。なぜならば、国民主権原理から、「住民の

42　法務省「第2次出入国管理基本計画」（2000年3月）22頁。
43　最判1995（平成7）年2月28日民集49巻2号639頁。
44　東京高判1997（平成9）年11月26日判時1639号30頁は、外国人を地方公務員の管理職任用から一律に排除することは、憲法22条1項の職業選択の自由と14条1項の法の下の平等に反するとしていた。しかし、最高裁は、「人事の適正な運用」のためには、外国人を一律に管理職から排除することも合理的な理由であるとして、法の下の平等に反するものではないとし、職業選択の自由についての判断は回避した。
45　外務公務員法7条1項。
46　最大判2005（平成17）年1月26日民集59巻1号128頁。

権利義務を直接形成し、その範囲を確定するなどの公権力の行使に当たる行為を行い、若しくは普通地方公共団体の重要な施策に関する決定を行い、又はこれらに参画することを職務とするもの」は、原則として日本国民の就任が「想定」されているからという。この**「想定の法理」**は、従来の**「当然の法理」**とは、以下の3点で異なっている。第1に、「公の意思の形成への参画」という不明確な内容をやめ、自治体の「重要な施策に関する決定」とその決定への「参画」に置き換えている。第2に、「公権力の行使」の概念は踏襲するものの、「住民の権利義務を直接形成し、その範囲を確定するなどの公権力の行使」という内容に限定している。第3に、当然の法理は、一定の職務への外国人の就任を禁止するものであるが、想定の法理は、「原則として日本の国籍を有する者が公権力行使等地方公務員に就任することが想定」されるのであって、例外的に外国人の就任を認める余地があり、いわば、自治体の裁量の問題といえる。すでに1996年11月22日の自治大臣による「白川談話」において、「公権力の行使又は公の意思の形成への参画」にたずさわる地方公務員であるかどうかについては、「一律にその範囲を画定することは困難であり、当該団体において職務内容を検討の上、具体的に判断」すべき問題とされている。法律の改正を必要とする地方参政権の場合と違い、公務就任権の拡充は、自治体のイニシアティブで可能である。なお、従来、消防士は、査察等の公権力の行使にたずさわる仕事が比較的多く、消防団員も、一定の公権力の行使を行う権限を与えられているから、日本国籍が必要と説明されてきた。しかし、今日、定住外国人が多数居住している地域などで、外国人にも消防団に参加してもらうことで地域の防災力を高め、維持していくことが必要との認識を、消防庁ももつようになっている[47]。外国人住民の防災訓練への参加を促す自治体もみられ

---

47 衆-総務委員会-18号（2009年5月12日）伊藤渉衆議院議員の質疑に対する岡本保消防庁長官の発言。

るが、新たな多文化共生社会に即した防災体制の見直しを行う上で、消防団員や消防士の国籍要件の撤廃も自治体の課題であり、総務省は、この点の通知を自治体に示すべきである。

　すでに各地で外国人市民代表者会議が創設されている。こうした諮問機関を設け、外国人住民の声を行政に反映させる制度も重要である。たんに外国人住民が話し合う場を設けるだけでよしとするのではなく、外国人住民の代表をどのように選び、審議・決定した事項をどのように自治体の行政に反映させていくのかという制度設計の見直しにも、自治体は取り組むべきである。また、すでに各地で条例に基づく住民投票に外国人が参加できるようになった。近年の条例を根拠とする住民投票では、国の法律によらず、自治体が独自の判断で外国人住民にも投票権を認めることは可能である。自治体の合併に伴う住民投票の場合が多いが、常設型の住民投票においても外国人の投票を認める取り組みが重要である。

おわりに

　国際人権規約における市民的・政治的権利は、第1世代の人権と呼ばれ、経済的・社会的・文化的権利は、第2世代の人権と呼ばれる。市民的権利、政治的権利、社会的権利の順で、シティズンシップの歴史が説明された[48]。しかし、今日の福祉国家における外国人の権利の発展は、社会的権利のあとに政治的権利が問題となると指摘されている[49]。さらに、マイノリティが完全なシティズンシップを得るには、文化的権利も必要であるという[50]。通常、新たな国に入国した外国人には3つのゲー

48　T. H. マーシャル／トム・ボットモア『シティズンシップと社会的階級——近現代を総括するマニフェスト』岩崎信彦・中村健吾訳(法律文化社、1993年) 19頁。

49　トーマス・ハンマー『永住市民(デニズン)と国民国家——定住外国人の政治参加』近藤敦監訳(明石書店、1997年) 78頁。

トがある。第1に、入国管理のゲートをくぐると正規滞在者の権利として、限定的な経済的権利と社会的権利が認められる（入国管理法上、正規の在留資格をもたないか、在留期間を経過した非正規滞在者の場合は、大半の市民的権利は保障されるものの、その他の多くの権利は認められていないか、権利を行使することが退去強制につながるおそれをはらむ脆弱な立場にあることが多い）。第2に、永住許可のゲートをくぐるかそれに準じた地位を認められた永住者等は、ほぼ完全な経済的権利と社会的権利が認められるが、選挙権・被選挙権といった政治的権利は日本ではまだ認められていない。第3に、国籍取得のゲートをくぐってはじめて完全な政治的権利を有する。

　以下、第1章から第5章では、市民的権利、経済的権利、社会的権利、文化的権利、政治的権利の順に権利の性質別の個別の論点を検討する。その上で、第6章から第8章では、永住者等、その他の正規滞在者、非正規滞在者の順に外国人の態様別の個別の論点を考察することにしよう。

●参考文献

手塚和彰『外国人と法〔第3版〕』（有斐閣、2005年）
　〈2004年入管法改正までの外国人をめぐる法状況を網羅的に概観している。〉
宮川成雄編『外国人法とローヤリング――理論と実務の架橋をめざして』（学陽書房、2005年）
　〈2004年のロースクール発足に合わせて、理論と実務の架橋をめざして、研究者と実務家が執筆している。〉
近藤敦編『外国人の法的地位と人権擁護』（明石書店、2002年）
　〈第2次大戦後の外国人の人権や法的状況の歴史を整理しながら具体的な政策提言を試みている。〉

50　Stephen Castles and Alastair Davidson, *Citizenship and Migration: Globalization and the Politicsof Belongings*（New York: Routledge, 2000）, pp. 121-126.

第1章

市民的権利

近藤　敦

はじめに——市民社会におけるすべての人の権利

　市民的権利は、表現の自由や信教の自由などの精神的自由、プライバシーの権利や平等といった包括的人権、適正手続などの人身の自由、裁判を受ける権利などの受益権のように大半の場合、市民社会におけるすべての人の権利となりつつある。しかし、依然として、若干の例外が残っている。どのような市民的権利が、なぜ、どのような外国人に制限されるのであろうか。市民的権利は、政治的権利や経済的権利と密接に関連する場合は、一定の制約を受ける。なかでも、日本では経済的自由に分類されることの多い入国の自由と居住の自由について本章で検討する（職業選択の自由や財産権については、経済的権利の第2章で、参政権は政治的権利の第5章で扱う）[1]。また、国籍の取得と喪失、家族の権利も、外国人にとっては重要であり、最後に略述する。

---

[1] 人種差別撤廃条約5条（d）項（ⅱ）は、移動・居住の自由、出国・帰国の権利、国籍の権利、婚姻・配偶者選択の権利などとともに、財産権も市民的権利としている。ただし、起草段階において経済・社会的権利か、市民的権利かという財産権の性質をめぐる意見の対立があり、自由権規約には、財産権の規定はない。

1．精神的自由

　一般に、精神的自由は、外国人にも保障される。たとえば、集会の自由について、在日朝鮮人の日比谷音楽堂での集会に対し、右翼団体からの抗議行動があるからといって、正当な理由なしに公の施設の利用を拒否することは違法とされ、国家賠償が認められている[2]。

　ただし、政治的権利との関連については、政治活動の自由（政治的な表現の自由）について、「わが国の政治的意思決定又はその実施に影響を及ぼす活動等」は除くとするのが判例の立場である[3]。しかし、このマクリーン事件で問題とされた適法な反戦デモへの参加は、本来、「憲法の保障が及ばない政治活動であるとはいえない」。したがって、「憲法で保障された基本的人権である表現の自由の範囲内の政治的意見の表明である以上、在留期間更新の許否を判断する際のマイナス要素として考慮すべきではなかった。それを認めては、法務大臣は憲法の基本的人権の保障を無視してもよいことになる」という元最高裁判事の批判も今日ではみられるようになっている[4]。また、結社の自由に関し、外国人の政党結成および加入は、憲法上、認められており、外国人の政党加入を認めるかどうかは、政党ごとの判断による。

　なお、ヘイトスピーチ規制が表現の自由を侵害するかという問題については、少なくとも、明白かつ現在の危険を伴う憎悪唱導を処罰する規定を設けることは可能であろう。また、刑罰以外にも、自由権規約20条および人種差別撤廃条約4条（ｃ）を留保することなく批准している以上、法律などで差別・敵意・暴力の扇動となる民族的・人種的・宗教

---

[2]　東京地判2009（平成21）年3月24日判時2046号90頁。
[3]　マクリーン事件・最大判1978（昭和53）年10月4日民集32巻7号1223頁。
[4]　泉徳治「マクリーン事件最高裁判決の枠組みの再考」『自由と正義』62巻2号（2011年）21頁。

的憎悪唱導を禁止し、公務員の人種差別助長・煽動行為を禁止することは、条約上の義務である（さらに、民間レベルでは、セクシャルハラスメントなどの防止規定にエスニックハラスメントの防止を加えることも検討されるべきであろう）。巻末にかかげる**ヘイトスピーチ街頭宣伝差止め等請求事件**のように、民族的出自を理由とする差別的憎悪表現は、私人間においても民法709条の不法行為として損害賠償や差止めの対象となりうる[5]。

2．入国の自由と居住の自由

　経済的権利との関係については、市民的権利のうちで、外国人に制約されている権利は、入国の自由と居住の自由である。外国人の入国の自由は、判例上、憲法22条1項の居住・移転の自由には含まれないのであって、国際慣習法上と同様、憲法上も保障されておらず、国家の自由裁量によるとある[6]。一方、人権条約上は、自由権規約12条4項が、入国の自由について、「何人も、自国に入国する権利を恣意的に奪われない」と定めている。「自国に入国する権利（the right to enter his own country）」[7]を「自国に戻る権利」として訳している政府訳は、再入国の自由の側面を想起させるのには適当である。しかし、この権利には、新規に入国する権利や自国に「在留する権利（the right to remain）」など多様な側面を含んでいることを見落としかねない問題がある[8]。

　「自国」の解釈上、新規に入国する権利が一般には外国人に認められないとしても、在留権（引き続き在留することを要求する権利）が認められ

5　大阪高判2014（平成26）年7月8日判時2232号34頁。最決2014（平成26）年12月9日（判例集未登載）。
6　中国人の密入国者に関する**林栄開事件**・最大判1957（昭和32）年6月19日刑集11巻6号1663頁。
7　子どもの権利条約10条2項の政府訳は、「自国に入国する権利」と訳している。
8　自由権規約委員会の一般的意見27。

ないこととは別問題である。近年、自由権規約委員会に個人通報された事例では[9]、「在留国を自国とみなすほどに密接な関係のある外国人」の場合は、在留する権利が認められ、比例原則に反する退去強制の禁止が自由権規約12条4項から導かれている。この点、国際慣習法上、外国人には在留権は認められないと解するマクリーン判例に起因する固定観念の見直しが必要である。たとえ英語教師として1年間在留したアメリカ国民のマクリーンさんには、在留権は認められないとしても、人権条約上、自国とみなすほどに密接な関係のある外国人の在留は認められる。巻末にかかげるように、日本で生まれ育った、協定永住者の在日韓国人ピアニストが、指紋押捺拒否を理由としてアメリカ留学の際の再入国不許可処分を適法とした**崔善愛事件**(チェソンエ)は[10]、今日の自由権規約委員会の多数意見からすれば、同項違反の典型事例といえよう。同事件の高裁判決のように[11]、再入国不許可処分という手段の著しい不利益ゆえに「比例原則」違反に基づく裁量権の濫用の指摘は正当である。ただし、「定住外国人」ないし「永住者」だから「自国」に当たるかどうかという条約制定時の議論をもとになされる従来の論点とは異なり、自由権規約委員会の新たな解釈にしたがえば、長期の在留期間、密接な個人的・家族的つながり、在留目的、その種のつながりが他のどこにもないこと

9　Nystorm v Australia (2011) では、申立人は、生後27日から32歳までオーストラリアで暮らしているスウェーデン国民であり、自由権規約委員会の多数意見は、在留国との強いつながり、在留国にすべての家族がいること、話す言語、国での滞在期間、スウェーデンとは国籍以外のつながりがないことを考慮して、オーストラリアが「自国」に当たるとし、犯罪に起因する申立人の退去強制を恣意的と判断し、12条4項に反するとした。Warsame v Canada (2011) も、申立人が4歳のときからカナダに住んでいるソマリア国民であり、同様の理由で、「自国」に当たるカナダからの退去強制を同項違反とした。詳しくは、近藤敦「自国に入国する権利と在留権——比例原則に反して退去強制されない権利」『名城法学』64巻4号 (2015年) 1-34頁参照。
10　崔善愛事件・最判2008 (平成20) 年4月10日民集52巻3号677頁。
11　同事件・福岡高判1994 (平成6) 年5月13日判時1545号46頁。

などの考慮が『自国』の認定基準として重要となる。

　また、入国の自由が保障されないことと居住の自由の保障も、別問題である。居住の自由の内容は、外国人の態様に応じて多様である。自国とみなすほどに密接な関係のある人の場合の在留権といった安定した権利ではないとしても、恣意的に追放（退去強制）されない権利は、自由権規約13条が正規滞在者に保障している。さらに、外国人の地位に関する自由権規約委員会の一般的意見15にあるように「差別禁止、非人道的な取扱いの禁止、または家族生活の尊重の考慮などの一定の状況において外国人は、入国または居住に関連する場合においてさえ規約の保護を享受することができる」。本章の最後に紹介する事例にみられるように、これらの人権保障は、在留資格の有無を問わない。

　なお、出国の自由が、外国人に保障されること自体は、すでに判例の認めるところである[12]。

3．身体の自由

　身体の自由について、奴隷的拘束の禁止は、現代の日本ではそれほど重要な意味がないと思われてきた。しかし、今日、人身取引の禁止が、日本国憲法18条の要請と位置づける視点も必要である。

　憲法31条の適正手続は、外国人にも保障され、行政手続にも準用されている。この点、日本の入管実務では、難民申請者も含め非正規滞在の容疑者をすべて原則として収容する全件収容主義（原則収容主義）が基本とされた[13]。例外として、2004年に難民申請者に対する仮滞在の制度が導入されても、仮滞在の許可率は非常に低い状況にある[14]。収容は、

---

[12]　最大判1957（昭和32）年12月25日刑集11巻14号3377頁。
[13]　坂中英徳・斎藤利男『出入国管理及び難民認定法逐条解説〔改訂第4版〕』（日本加除出版、2012年）638頁。

収容令書で 30 日、さらに 30 日の延長ができるが、退去強制令書が発布されると、収容期間の上限はない。しかし、収容後一定期間（たとえば 6 か月）を経過した後でも、退去強制の見込みが立たない被収容者は仮放免することが適正手続の要請といえよう[15]。自由権規約委員会によれば、恣意的な抑留を禁止する自由権規約 9 条 1 項に照らし、収容の必要性は定期的に審査し直す必要があり、逃亡・罪証隠滅防止などの目的との適合性を欠く恣意的な収容は違法となる[16]。また近年、子どもの権利委員会は、子どもの収容が子どもの権利条約 3 条に反すると勧告している[17]。

なお、「現行犯として逮捕される場合を除いては、権限を有する司法官憲が発し、且つ理由となっている犯罪を明示する令状によらなければ、逮捕されない」と定める憲法 33 条に照らし、非正規滞在者の収容令書の発付者が、司法官憲ではなく、入国警備官と同じ法務省入国管理局の主任審査官であることが問題となる[18]。高裁は、刑事手続におけるほど厳格な憲法上の制約に服する必要はないとし、最高裁は要急収容が現行犯逮捕に類するものとして令状は不要であるとした[19]。しかし、要急収容（要急収捕）は、緊急逮捕に類するものであり、適正手続の趣旨からは事後的な（入管法 43 条所定の行政機関ではなく、本来、司法機関による）収

---

14 児玉晃一・関聡介・難波満編著『コンメンタール 出入国管理及び難民認定法 2012』（現代人文社、2012 年）467 頁。
15 アメリカ最高裁判決 Zadvydas v. Davis, 5.33 U.S. 678（2001）では、6 か月としている。
16 参照、近藤敦「無国籍の庇護申請者に対する恣意的な収容――シャフィーク対オーストラリア事件」『国際人権』19 号（2008 年）177-178 頁。
17 Committee on the Rights of the Child. 2013 The Rights of All Children in the Context of International Migration. http://www.ohchr.org/EN/HRBodies/CRC/Pages/Discussion2012.aspx（2014 年 11 月 30 日閲覧）.
18 芦部信喜編『憲法Ⅲ人権（2）』（有斐閣、1981 年）143 頁（杉原執筆）。
19 東京高判 1972（昭和 47）年 4 月 15 日判タ 279 号 359 頁、最決 1974（昭和 49）年 4 月 30 日裁判所ウェブサイト。

容令書が必要と思われる

　その他の被疑者・被告人の権利も、行政手続である入管・登録手続にも準用されている。たとえば、「自己に不利益な供述を強要されない」権利を定めた憲法38条1項は、外国人にも保障される。この点、かつて存在した外国人登録法の3条が登録証明書交付の申請義務を密入国した外国人にも課すことは、憲法38条1項の趣旨に反して許されないとした1審判決に対し、2審および最高裁判決は、外国人の居住関係および身分関係の明確化を目的とした申請義務であり、同項の趣旨に反するものではないとしている[20]。また、憲法34条は抑留・拘禁の「理由を直ちに告げられ、且つ、直ちに弁護人に依頼する権利」が与えられなければならないと定めているが、被疑者が理解できる言語で知らされる上での通訳制度の整備が必要である。今日の適正手続には、言語的デュープロセスの観点がとりわけ重要である。また、（非正規滞在者、難民認定申請者を含む）資力に乏しい外国人のための弁護士費用の公的扶助制度の整備が望まれる。

4．幸福追求権と平等

　巻末にかかげる**指紋押捺事件**[21]では、憲法13条により「個人の私生活上の自由の一つとして、何人もみだりに指紋の押なつを強制されない自由を有する」と判示された。しかし、指紋押捺は外国人登録の目的上合理的かつ必要であり、当時の指紋押捺は一指のみであり、その強制も罰則による間接強制にとどまるものであって、一般的に許容される限度を超えないとして合憲とされた。もっとも、1992年の外国人登録法の

20　福岡地判1956（昭和31）年5月4日、福岡高判1956（昭和31）年8月9日および最判1958（昭和33）年2月11日刑集12巻2号201頁、204頁および187頁。
21　最判1995（平成7）年12月15日刑集49巻10号842頁。

改正で指紋押捺制度は永住者と特別永住者には廃止され、1999年の改正により全廃されたが、2006年の入管法改正により、特別永住者と外交・公用・国の招待で来日した人を除く16歳以上の外国人は、指紋や顔写真などの生体情報を入国審査時に採取されるようになった。その指紋が国際指名手配や過去に退去強制になった者の指紋リストと照合され、政府の国会答弁によれば、必要があれば、一般の犯罪捜査にも使用可能となったのは、欧米諸国には類をみないような、プライバシーの侵害の点で大きな問題を抱えている。かつての判例では、指紋押捺制度の目的が「在日外国人の把握にあり、犯罪捜査の資料収集が目的でないこと」を合憲性の根拠としていたことにも留意すべきである[22]。また、テロ対策のもとイスラーム教徒の信仰内容にわたる情報や、前科に関する情報という、プライバシー情報の警察による漏洩は、情報管理上の注意義務違反として国家賠償が認められている[23]。ただし、情報収集自体は適法とされたが、ムスリムに対する広範な監視活動自体が自由権規約17条のプライバシーおよび2条・26条の平等に反するというのが自由権規約委員会の見解である[24]。

なお、氏名権も憲法13条の保障する人格権の一内容である。かつてテレビ局が韓国人の氏名を日本語読みしていた慣習も受忍限度内とした判例があるが[25]、今日では、本人の意思を尊重した呼称が用いられる傾向にある[26]。

平等については、駐留米軍に対する関税免除の特例を争った事件にお

---

22 大阪地判1998(平成10)年3月26日 LEX/DB28033457。
23 東京地判2014(平成26)年1月15日判時2215号30頁。
24 自由権規約委員会の総括所見 (2014年7月31日) 20項。
25 最判1988(昭和63)年2月16日民集42巻2号27頁。
26 本人の意思を確認しない場合、日本と韓国の間では、人名は相互に現地読みをするようになったが、日本と中国との間では、相互の国の読み方を続けている場合が多い。

いて、「憲法14条の趣旨は、特段の事情の認められない限り、外国人に対しても類推さるべきものと解するのが相当」と判示された[27]。国籍の有無にかかわらず、憲法14条の保障は及ぶ[28]。

入浴拒否人種差別事件では[29]、ドイツ国籍者、アメリカ国籍者およびアメリカから日本に帰化した者が、外見上、外国人に見えることを理由に公衆浴場への入浴を拒否したことが「憲法14条1項、国際人権B規約26条、人種差別撤廃条約の趣旨に照らし、私人間においても撤廃されるべき人種差別にあたる」とされた。同様に、ブラジル国籍の女性が宝石店への入店を拒否されたことが人種差別にあたるとされた**入店拒否人種差別事件**[30]、韓国国籍の女性が賃貸マンションへの入居を拒否された**入居拒否人種差別事件**などがある[31]。ただし、私人間の争いは、主として民法の不法行為における損害賠償の問題とされ、差別行為を禁止する行政指導や条例制定を求める訴えは退けられており[32]、差別禁止法や差別禁止条例の制定が望まれる。

5．受益権

受益権としての裁判を受ける権利、請願権、国家賠償請求権および刑事補償請求権は、性質上、外国人にも保障される。ただし、非正規滞在

27　最大判1964（昭和39）年11月18日刑集18巻9号579頁。
28　詳しくは、政治的権利の章で扱うが、東京都が管理職昇任試験から外国人を一律に排除することは憲法14条1項の法の下の平等に反するとした高裁判決がある（東京高判1997［平成9］年11月26日1639号30頁）。また、外国人が訴えた訴訟で最高裁が憲法14条違反を判示したのは、後述する国籍法3条違憲判決である。
29　札幌地判2002（平成14）年11月11日判時1806号84頁。
30　静岡地判浜松支部1999（平成12）年10月12日判時1718号92頁。
31　京都地判2007（平成19）年10月2日裁判所ウェブサイト。
32　大阪地判2007（平成19）年12月18日判時2000号79頁。大阪地判1993（平成5）年6月18日判時1468号122頁。

者の裁判を受ける権利については、退去強制令書の発付された日に弁護士への連絡が認められず強制送還され、取消訴訟や執行停止の裁判を起こすことに支障が生じた問題もある。裁判所は取消訴訟の提起等を殊更に妨害するものではないとして、裁判を受ける権利の侵害を認めなかった[33]。しかし、退去強制令書の発付と強制送還までに十分な期間を設けて弁護人への連絡の機会を保障する必要がある。また、裁判を受ける権利に関しては、法廷通訳の費用をめぐる問題が残されている。刑事訴訟費用等に関する法律2条2号によると、法廷通訳の費用も訴訟費用の範囲に含まれており、被告人が有罪判決を受けた場合には通訳費用を負担させることができる。しかし、自由権規約14条3項（f）は、「裁判所において使用される言語を理解すること又は話すことができない場合には無料で通訳の援助を受けること」を保障している。この無料で通訳を受ける権利は「無条件かつ絶対的」であり、裁判の結果にかかわらず、後日の求償も予定していないという判例がある[34]。実務の取扱いは、刑事訴訟法181条但書きにある「但し、被告人が貧困のため訴訟費用を納付することができないことが明らかであるときは、この限りではない」という規定を根拠に、通訳費用の負担をさせないできているが、刑事訴訟費用等に関する法律の改正がなされるべきである。

　請願権についても、衆議院規則172条は、「請願書には普通の邦文を用いなければならない。やむを得ず外国語を用いるときは、これに訳文を付さなければならない」として、日本語の訳文を要求している。日本語の訳文がないことを理由に請願の受理を拒む行為そのものは、憲法16条の請願権の侵害にあたるおそれが大きい。国籍を問わず、インターネットでの簡易な請願の受けつけを検討すべきであろう。

　国家賠償請求権については、国家賠償法（国賠法）6条では、「この法

---

[33] 東京地判2007（平成19）年9月3日。
[34] 東京高判1997（平成9）年2月3日東高時報（刑事）44巻1-12号11頁。

律は、外国人が被害者である場合には、相互の保証があるときにかぎり、これを適用する」と定めている。外国人受刑者に対する革手錠の継続的な使用を違法とした東京地裁判決では、国賠法6条が「相互の保証のある場合に限定しているのは、我が国の国民に対して国家賠償による救済を認めない国の国民に対し、我が国が積極的に救済を与える必要がないという、衡平の観念に基づくものであり、外国人による国家賠償請求について相互の保証を必要とすることにより、外国における我が国の国民の救済を拡充することにも資する」との「一定の合理性が認められる」として、憲法17条および同14条1項に反しないという[35]。この相互保障主義は、憲法17条が「何人も」賠償請求権を有すると定めている「趣旨に適合しないきらいがある」し[36]、「本国法の不備のゆえに、現実に日本政府から蒙った損害を、なぜ自分の負担として甘受しなければならないのか」という疑念からの違憲論もある[37]。相互保証主義の厳格な適用は、当事者にとって過酷であるとの認識があるためか、これまでの裁判例は、いずれも相互保証主義の認定をゆるやかに認めている[38]。日本にいる外国人の出身国は多岐に分かれ、相互保証を立証・審査する過度な負担を原告・裁判所に課すことは合理的ではなく、国賠法6条の早急な削除が望まれる。

---

35 東京地判2003（平成15）年6月28日判時1809号46頁。ただし、本件では、原告の出身国のイランでも事実上、相互保証が認められると判断している。もっとも、北海道強制連行逃避行事件（劉連仁事件）控訴審判決では、1958年当時の中国における国家賠償請求の法制度がなかったことから相互保証の不存在などを理由に国家賠償責任を否定している（東京高判2005［平成17］年6月23日判時1904号83頁）。
36 宮沢俊義著・芦部信喜補訂『全訂 日本国憲法』（日本評論社、1978年）230頁。
37 奥平康弘『憲法Ⅲ』（有斐閣、1993年）392頁。
38 京都地判1973（昭和48）年7月12日判時755号97頁、広島地福山支判1992（平成4）年4月30日判例地方自治104号76頁、大阪地判1971（昭和46）年2月25日判時643号74頁。

6．国籍の取得と喪失

　外国人とは、滞在している国の国籍をもたない人をさすので、国籍法のあり方が、外国人としての人権保障なのか、国民としての保障なのかを規定する。そして自由権規約24条3項は「すべての子どもは、国籍を取得する権利を有する」と定めているように、国籍を取得する権利も、市民的権利の1つである。国籍法は、出生に伴う国籍取得に際して、一般に、①生まれた国の国籍を認める「生地主義」と、②親の国籍を承継する「血統主義」とに大別される。また、後天的な国籍取得に際しても、（i）行政の裁量などによる「帰化」と、（ii）一定の居住期間などを要件に権利として国籍を取得する「届出」とを区別することができる。日本の国籍法の特徴は、欧米諸国に比べ、生地主義と届出の要素に乏しい。一般に、移民受入れ国では、早い段階で完全な共同体のメンバーとなることが奨励され、生地主義を採用し、血統主義の要素も取り入れる傾向にある。移民送出し国では、在外国民の子の血統のつながりを重視する一方、移民受入れ国に転じたヨーロッパ大陸諸国では、生地主義や届出の要素を大幅に取り入れつつある。

　日本国憲法10条は、「日本国民たる要件は、法律でこれを定める」と規定する。伝統的には、国籍の取得と喪失は、国家の主権の作用によるものであり、国際慣習法上、国家は誰が国民であるかを国内法により決定する自由を有するとされてきた。この伝統は、「国家主権の原則」（「国内管轄の原則」または「立法裁量の原則」）と呼ぶことができる。したがって、国会が法律でいかようにも定めることができるかというと、そうではない。1997年のヨーロッパ国籍条約3条・4条にみられるように、今日の国際法上は、伝統的な「国家主権原則」は、人権法の発展に伴い、個人の人権を根拠とする以下の3つの原則により、その射程を大幅に狭められつつある。

　第1に「差別禁止原則」によれば、性別や民族的出自などによる差別

的な国籍法は許されない。たとえば、1984 年に日本が女性差別撤廃条約 9 条 2 項の要請する性差別の禁止を重視して国籍法を父系血統主義から父母両系血統主義に改正したように[39]、多くの血統主義国は類似の改正を必要とした。また、2008 年に最高裁は、巻末にかかげる**国籍法違憲判決**において、両親が婚姻関係にない日本国民の父と外国人の母のあいだに生まれた婚外子（非嫡出子）の場合は、届出に両親の婚姻を要件としていた旧国籍法 3 条が、憲法 14 条 1 項の法の下の平等違反とした[40]。

　第 2 に「国籍剥奪禁止原則」によれば、本人の意思によらず、何人も恣意的に国籍を奪われない。日本国憲法 22 条 2 項は「何人も……国籍を離脱する自由を侵されない」と定めている。この規定は、「何人も、ほしいままにその国籍を奪われ、又はその国籍を変更する権利を否認されることはない」と定める世界人権宣言 15 条 2 項を解釈指針として、（「国籍を変更する権利」に着目して）無国籍となる自由を定めるものではないとする通説にとどまらず[41]、（「ほしいままにその国籍を奪われ」ないとあるように）本人の意思に反する恣意的な国籍剥奪禁止、すなわち「国籍を離脱しない自由」を定めていることに留意すべきである。この点、日本の旧植民地出身者とその子孫について、旧植民地の独立に伴う国家承継の場合の国籍変動に際しては、国籍選択権が認められるべきであり、本人の意思によらない国籍の剥奪は禁じられるべきであった。また、今日の特別永住者を外国人として扱うことの矛盾は、朝鮮戸籍や台湾戸籍

39　条約批准前に、父系血統主義も立法裁量として許されるとした確定判決（東京高判 1982〔昭和 57〕年 6 月 23 日判時 1045 号 78 頁）は、類似のドイツ連邦憲法裁裁判所の判決のように BVerfGE 37, 217 (1974) 性差別に基づく憲法違反とすべきであった。
40　最大判 2008（平成 20）年 6 月 4 日民集 62 巻 6 号 1367 頁。ただし、非嫡出子という憲法 14 条 1 項所定の「社会的身分」による差別ゆえに、より厳格な審査が必要と判断すべきであった。
41　芦部信喜『憲法学 III ── 人権各論 (1)〔増補版〕』（有斐閣、2001 年）586 頁。

を理由とした民族的出自（ナショナル・オリジン）による「差別禁止原則」に照らしても問題である[42]。

第3に「無国籍防止原則」がある。従来、人はただ1つの国籍をもつべきであるという「国籍唯一の原則」が、指摘されてきたが、これは複数国籍防止原則と無国籍防止原則の2つの内容をもっていた。今日、複数国籍防止原則は、国際法上の要請とはいえなくなっている。人の国際移動と国際結婚の増大により複数国籍者が増えており、平和主義、民主主義、人権擁護などを促進する手段として、複数国籍を認める国が増えている。日本では、国際的にも珍しく、国際結婚や生地主義国で生まれた複数国籍者が大人になってどちらかの国籍を選ばなければならない「国籍選択制度」や、国外で生まれた複数国籍の子が3か月以内に届け出ないと日本国籍を喪失する「国籍留保制度」がある。これらは、国籍剥奪禁止原則に抵触する問題をはらんでおり、法改正が望まれる[43]。

おわりに──家族の権利と子どもの権利

日本国憲法24条は、1項で「夫婦が同等の権利」を有すること、2項で「家族」に関する事項は個人の尊厳と両性の本質的平等に立脚する法律で定めることを規定している。これに加え、自由権規約17条が「家族」生活への侵害禁止、23条1項が「家族の保護を受ける権利」を定めている。また、子どもの権利条約3条は、子どもの最善の利益を保障する。外国人の在留資格との関係で、家族の権利が問題となることは多い。たとえば、法務省の**「在留特別許可に係るガイドライン」**において、日本人や特別永住者の核家族（子や配偶者）であることを正規の在

---

[42] 近藤敦「特別永住者の National Origin に基づく差別」『国際人権』17号（2006年）76-83頁。
[43] 近藤敦「複数国籍の容認傾向」陳天璽ほか編『越境とアイデンティフィケーション──国籍・パスポート・IDカード』（新曜社、2012年）91-115頁。

留資格を認める上で、特に考慮する積極要素として挙げていることは[44]、家族の結合の権利を保障する実例といえる。また、相当期間日本に滞在し、日本の初等・中等教育機関に通う子と同居する親の場合も、特に考慮する積極要素として挙げているのは、子どもの最善の利益を保障するものである。日本語での教育を受けた子を言葉が十分にわからない国籍国に送還することは、子どもの最善の利益に反する。

下級審の判例では、在留を特別に認めない法務大臣の裁量を違法とする中で、家族の結合の権利（自由権規約23条）[45]や子どもの最善の利益（子どもの権利条約3条）[46]などに言及するものもある。今後、「在留特別許可に係るガイドライン」の明確化、裁判規範性のためのその法令化とともに、こうした人権条約規定に言及しながら、退去強制により得られる利益と当事者が受ける不利益とを比較考量する判例の蓄積が課題といえよう。

また、入管法に、家族呼び寄せに関する体系的な規定を設けるとともに、内縁関係・同性のパートナー・親の呼び寄せ、離婚[47]・死別・DV

44　永住者等（別表第2に掲げる在留資格）の核家族の場合も積極要素として挙げていることも、家族結合の権利を同様に保障するものである。

45　東京地判1999（平成11）年11月12日判時1727号94頁では、日本人の配偶者の退去強制について「真意に基づく婚姻関係について実質的に保護を与えないという、条理及びB規約23条の趣旨に照らしても好ましくない結果を将来するものであって、社会通念に照らし著しく妥当性を欠くものといわなければならない」と判示している。同様に、中国帰国者の連れ子に関しては、福岡高判2005（平成17）年3月7日判タ1234号73頁参照。

46　**アミネ・カリル事件**・東京地判2003（平成15）年9月19日判時1836号16頁では「2歳のときに来日し、10年以上を日本で過ごした原告長女……のこれまで築き上げてきた人格や価値観等を根底から覆すものというべきであり、……子どもの権利条約3条の内容にかんがみれば、この点は、退去強制令書の発付に当たり重視されるべき事情であるといえる。……原告ら家族が受ける著しい不利益との比較衡量において、本件処分により達成される利益は決して大きいものではないというべきであり、本件各退去強制令書発付処分は、比例原則に反した違法なものというべきである」と判示している。同旨の判例として、東京地判2003（平成15）年10月17日裁判所ウェブサイト参照。

被害者の場合の自律的な在留資格など、家族の多様なあり方に応じた法整備が望まれる[48]。

　以上みてきたように、市民的権利の多くは、すべての外国人に保障される。しかし、一定の権利が一定の外国人に一定の場合に制約される問題が残っている。もっとも、外国人にはまったく保障されないという市民的権利はなく、従来、外国人には保障されない権利の代名詞とされてきた入国の自由ですら、自国と密接に結びついた外国人には認められる方向にあり、国家の退去強制の裁量は、多くの市民的権利による制約を伴っていることは注意を要する。

●参考文献
関東弁護士会連合会編『外国人の人権――外国人の直面する困難の解決をめざして』(明石書店、2012年)
　〈入管規制やヘイトスピーチや弁護士へのアクセスなどの実務上の問題がよくわかる。〉
近畿弁護士会連合会人権擁護委員会国際人権部会ほか編『国際人権条約と個人通報制度』(日本評論社、2012年)
　〈通訳費用、指紋押捺、国籍取得、退去強制などの国際人権条約に関する国内判例を踏まえて解説している。〉
近藤敦・塩原良和・鈴木江理子編『非正規滞在者と在留特別許可――移住者たちの過去・現在・未来』(日本評論社、2010年)
　〈居住の自由や家族の権利と関連する非正規滞在者の正規化の問題を多角的に論じている。〉

47　なお、国際離婚の際に帰国する場合は、2014年のハーグ条約批准に先立って、2013年に国際的な子の奪取の民事上の側面に関する条約の実施に関する法律が制定された。そこでは、一方の親が子どもを連れ去って帰国することは原則として許されない。例外は、子どもが返還を拒んだり、虐待の危険があったりするような子どもの利益に反する場合に限られる。
48　近藤敦「移民統合政策指数(MIPEX)と日本の法的課題」『名城法学』62巻1号(2012年)83-86頁。

第2章

経済的権利

奥貫妃文

はじめに

　本章では、外国人の「経済的権利」を取り扱う。具体的には、職業選択の自由、労働権（個別的労働権ならびに労働基本権［団結権］）、財産権である。なお、これらの分類は、日本国憲法とは異なることを最初に述べておきたい。日本国憲法上では、居住・移転および職業選択の自由、外国移住または国籍離脱の自由（22条）、ならびに財産権（29条）が、「経済的自由権」として分類されているが、労働権については「社会権」として経済的自由権から切り離して分類されている。他方、国際人権規約では、職業選択の自由ならびに労働権は、共に経済的権利として分類されている。また、財産権については、国際人権規約に明文規定は存在しない。このことについては留意しておく必要がある。

　人権を国内法的に保障するのみならず、国際法的にも保障しようとする流れは、第二次世界大戦後に強まった。その最初の試みが1948年の世界人権宣言（1948年12月10日第3回国連総会）である。そして、1966年には国際人権規約が採択された。日本は1979年に批准した[1]。本規約は、「経済的、社会的及び文化的権利に関する国際規約」（これを「**社会権規約**」または「**A規約**」と呼ぶ）と「市民的及び政治的権利に関する国際規

表1　社会権規約6条

第6条
1　この規約の締約国は、労働の権利を認めるものとし、この権利を保障するため適当な措置をとる。この権利には、すべての者が自由に選択し又は承諾する労働によって生計を立てる機会を得る権利を含む。

約」（これを「**自由権規約**」または「**B規約**」と呼ぶ）の2つから成っている。

本章に直接的にかかわるのは「社会権規約」（A規約）である。しかし、社会権と自由権は、相互に密接に絡み合って実効化が果たされるものであり、分けて考えるべきではない。たとえば、結社の自由についての自由権規約22条には労働組合についても規定がなされており、社会権規約8条の労働基本権に関する規定を補完しているともいえよう。なお、自由権規約と社会権規約との関係性については、自由権規約を土台にしながら社会権規約が存在する形で、両者が相互に関連し合っていると解する説もある[2]。

1．職業選択の自由

社会権規約6条には、職業選択の自由に関して、表1のように規定さ

1　ただし、日本は下記3点の留保と1点の解釈宣言を行った（昭和54年外務省告示187号）。なお、2012年に下記（一）3の留保は撤回した。
　（一）留保
　　1　A規約7条dの規定の適用に当たり「公の休日についての報酬」に拘束されない権利。
　　2　A規約8条1項d（同盟罷業）の規定に拘束されない権利。
　　3　A規約13条2項b及びcの規定の適用に当たり「特に、無償教育の漸進的な導入により」に拘束されない権利。
　（二）解釈宣言
　　　A規約8条2項及びB規約22条2項の「警察の構成員」に消防職員が含まれるものと解釈する。
2　中山和久編著『教材 国際労働法』（三省堂、1998年）60頁。

れている。

(1) 職業選択の自由の根幹にある思想

職業選択の自由は、前近代の社会における厳格な身分制を否定するところから端を発するものである。前近代において身分と職業は分かち難く結びついていた。たとえば、農民として生まれた者は、他に優れた能力があったとしても、自らの意思でその能力を活かす職業に就くことはほとんど不可能であり、自らの村を一度も出ることなく生涯を終える人も決して珍しくはなかった。

しかし、やがて、あらゆる人が自分の能力を活かしつつ、自らの意思で職業を選択することこそが、近代を生きる個人にとって不可欠であるとの考えが生まれ浸透していった。従来の強固な身分制秩序が解体されたことにより、それまで特権と地位を有していた人々は、平等な権利を享有する一般の人となり、職業についても、従来の様々な職能団体の独占や規制から解放されて、職業を選択する自由を獲得したのである。その表れとして日本国憲法22条1項があり、その内容は社会権規約6条に通底する。

(2) マクリーン事件

外国人の人権享有主体性に関する代表的な判例である**マクリーン事件**最高裁判例[3]は、性質説の立場をとり、「憲法第三章の諸規定による基本的人権の保障は、<u>権利の性質上日本国民のみをその対象としていると解されるものを除き、わが国に在留する外国人に対しても等しく及ぶものと解すべき</u>」(下線筆者、以下同)という判断を示した。そのうえ、最高裁は「外国人に対する憲法の基本的人権の保障は、右のような<u>外国人</u>

---

3 最判1978(昭和53)年10月4日民集32巻7号1223頁。

在留制度のわく内で与えられているにすぎない」と述べ、「在留期間中の憲法の基本的人権の保障を受ける行為を、在留期間の更新の際に消極的な事情としてしんしやく（ママ）されないことまでの保障が与えられているものと解することはできない」との結論を下している。

　この事案は、在留期間を 1 年として本邦に入国した、アメリカ国籍をもつロナルド・アラン・マクリーン氏に関するものである。マクリーン氏は、入国当初、語学学校の講師として働いていたが、最初の語学学校を退職して、他の語学学校に転職したことを入国管理局に通知したり、許可を求めることをしなかったことを理由として、在留期間の更新を許可されなかった。

　結局のところ、真の更新不許可の理由は、マクリーン氏が行ったベトナム反戦運動などの政治活動にあることが裁判のなかで明らかになったのであるが、本件は、別の一面からみれば、外国人の「転職の自由」、すなわち職業選択の自由について問題提起をするものと解することができよう。社会権規約 6 条には、「すべての者が自由に選択し又は承諾する労働によって生計を立てる機会を得る権利」を有するとされているが、日本の現状は、外国人が在留資格や在留期限により制約を受けている限りにおいて、十分にその権利が享受できるとはいえない状況である。

（3）一般的な制限

　職業選択の自由には、外国人に限らず、自国民に対しても一定の制限が存在する。それが正当化されるのは、一定の資格を有することが求められることにつき、公益の見地から定められた職業の資格であり憲法違反でないことが認められる場合であるとされる。

　一例を挙げれば、下記のようなものがある。

1. 一定の資格を有することが要求されるもの
   →例：医師（医師法第 2 条）、弁護士（弁護士法第 4 条）、社会保険労

務士（社会保険労務士法第3条）、公認会計士（公認会計士法第3条）、税理士（税理士法第3条）、土地家屋調査士（土地家屋調査士法第4条）など。
2．許可が必要とされるもの
→例：職業紹介事業（職安法第30条、第33条）、道路運送事業（道路運送法第4条、貨物自動車運送事業法第3条）
3．公益的見地から特定の者に独占され、それ以外の者には許されないもの
→例：郵便事業（郵便法第4条）
4．公務員に対する兼業禁止
5．一般企業における競業禁止または利益相反取引に関する法律の規制

なお、職業選択の自由とは別に、選択された職業を遂行する権利としての**「営業の自由」**があると主張されることがある。遂行する自由を伴わない選択の自由は、ほとんど意味をもたないため、憲法の保障する職業選択の自由は、当然ながら、営業の自由を包含するものと解されている[4]。

ただし、営業の自由が保障されているからといって、あらゆる職業が営利活動として成り立つよう、国家が配慮する義務を負うわけではない。公共の福祉に基づく制約のため、ある職業が実際上営利活動としては成り立たなくなることも考えられる。営業活動が私有財産を運用し、利益を得るという側面を有する点に着目して、営業の自由は日本国憲法29条の財産権の保障の下にあるとする見解もある。

4　小売商業調整特別措置法事件・最大判1972（昭和47）年11月22日刑集26巻9号586頁。

(4) 外国人に対する制限

　前掲に加えて、外国人を対象に、法律で禁止ないし制限されている職業が存在する。以下、列挙する。なお、外国人が公務員に就任する権利である公務就任権に関しては、本書第5章「政治的権利」で取り扱う。

①公証人：当事者の嘱託により、契約や遺言等の「公正証書」を作成したり、外国宛の文書等に「認証」を付すことなどを仕事とする者である。公証人法12条には、次のように国籍条項が付されている。
　◆公証人法12条　左ノ条件ヲ具備スル者ニ非サレハ公証人ニ任セラルルコトヲ得ス
　　<u>一　日本国民ニシテ成年者タルコト</u>
　　二　一定ノ試験ニ合格シタル後六月以上公証人見習トシテ実地修習ヲ為シタルコト

②水先人：港湾での安全を守るため、船に乗り込んで誘導する者である。水先法6条1号には、次のように国籍条項が付されている。
　◆水先法6条　次の各号のいずれかに該当する者は、水先人となることができない。
　　<u>一　日本国民でない者</u>

③放送免許ほか：電波法5条1項には、次のように国籍条項が付されている。また、同条4項各号には、基幹放送における無線局の免許について、下記のように外資規制が設けられている。
　◆電波法5条　次の各号のいずれかに該当する者には、無線局の免許を与えない。
　　<u>一　日本の国籍を有しない人</u>
　　二　外国政府又はその代表者
　　三　外国の法人又は団体

四　法人又は団体であつて、前3号に掲げる者がその代表者であるもの又はこれらの者がその役員の3分の1以上若しくは議決権の3分の1以上を占めるもの。

◆同条4項
4　公衆によつて直接受信されることを目的とする無線通信の送信（第99条の2を除き、以下「放送」という。）であつて、第26条第2項第5号イに掲げる周波数（第7条第3項及び第4項において「基幹放送用割当可能周波数」という。）の電波を使用するもの（以下、「基幹放送」という。）をする無線局（受信障害対策中継放送、衛生基幹放送（放送法第2条第13号の衛生基幹放送をいう。）及び移動受信用地上基幹放送（同条第14号の移動受信用地上基幹放送をいう。以下同じ。）をする無線局を除く。）については、第1項及び前項の規定にかかわらず、次の各号のいずれかに該当する者には、無線局の免許を与えない。

一　第1項第1号から第3号まで若しくは前項各号に掲げる者又は放送法第103条第1項若しくは第104条（第5号を除く。）の規定による認定の取消し若しくは同法第131条の規定により登録の取消しを受け、その取消しの日から2年を経過しない者

二　法人又は団体であつて、第1項第1号から第3号までに掲げる者が業務を執行する役員であるもの又はこれらの者がその議決権の5分の1以上を占めるもの

三　法人又は団体であつて、イに掲げる者により直接に占められる議決権の割合とこれらの者によりロに掲げる者を通じて間接に占められる議決権の割合として総務省令で定める割合とを合計した割合がその議決権の5分の1以上を占めるもの（前号に該当する場合を除く。）

　　イ　第1項第1号から第3号までに掲げる者
　　ロ　イに掲げる者により直接に占められる議決権の割合が総務省令で定める割合以上である法人又は団体

四　法人又は団体であつて、その役員が前項各号のいずれかに該
　　　当する者であるもの

(5) 留学生・就学生とアルバイトの制限

　入管法 19 条は、就労や留学などの在留資格をもつ外国人は、許可された在留資格に応じた活動以外に、収入を伴う事業を運営する活動または報酬を受ける活動を行おうとする場合には、あらかじめ**資格外活動**の許可を受けなければならないと定めている。さらに、出入国管理及び難民認定法施行規則 19 条の 5 には、1 週について 28 時間以内の収入を伴う事業を運営する活動または報酬を受ける活動[5]に限定する旨規定がなされており、ここでも職業選択の自由の制約がみられる。

(6) 外国人技能実習制度と職業選択の自由

　「研修生」という名のもとで労働法の適用除外の環境に置かれ、実質的に低賃金労働者として働かせたり、パスポートや通帳を取り上げられたり、使用者が気に入らないと強制帰国させるなど、きわめて悪質な人権侵害行為が横行していた。やがて、国内外から厳しい批判にさらされることとなり、ついに、2009（平成 21）年、出入国管理及び難民認定法が改正され制度変更が行われた。非労働者としていた研修生の地位をなくし、新たに「**技能実習**」という在留資格を設け、最初から労働関係諸法令が適用されることになったのである。

　この変更によって多少の改善はみられるようになったが、それでも、この制度の構造そのものが内包する問題点はなお残ったままである。す

5　風俗営業もしくは店舗型性風俗特殊営業が営まれている営業所において行うものまたは無店舗型性風俗特殊営業、映像送信型性風俗特殊営業、店舗型電話異性紹介営業もしくは無店舗型電話異性紹介営業に従事するものを除き、留学の在留資格をもつて在留する者については教育機関に在籍している間に行うものに限る。

なわち、「労働」でありながら、社会権規約6条で保障されているはずの職業選択の自由（＝他企業への移動、転職）はほぼ皆無であるといえる。たとえ、配属された職場で労働法違反や人権侵害行為があったとしても、それに対して異議申立をすると、強制帰国させられるのではないかという恐怖がつきまとう上、次の職場の紹介も遅々として進まないことが一般的であるといわれている。さらには、送出し国との保証金や違約金などの存在も、権利行使を阻む要因となっている。

日本弁護士連合会の提言[6]においても「外国人労働者が職場を選択する自由を保障すること」が盛り込まれているが、社会権規約6条の実効化に向けて、廃止も視野に入れて、抜本的に現行制度の見直しを図ることが喫緊の課題である。

なお、外国人技能実習制度の詳細に関しては、本書第7章「その他の正規滞在者の権利」で取り上げる。

2．労働権

社会権規約7条には**個別的労働権**（具体的には、均等待遇、労働安全衛生、均等な機会の付与、休息や休暇の保障など）、同8条には**労働基本権**（団結権）について、それぞれ表2のように規定がなされている。

（1）日本で働く外国人労働者の現状

日本で仕事に就いている「外国人労働者」は、厚生労働省の最新の統計[7]によれば、71万7504人ということで、統計を取り始めた平成19年以来最多の数字となった。国籍別の内訳は、最も多いのが中国の30万3886人、次いで、ブラジル9万5505人、フィリピン8万170人、

6　日本弁護士連合会「外国人技能実習制度の廃止に向けての提言」2011年4月15日。
7　厚生労働省「外国人雇用状況」の届出状況まとめ（平成25年10月末現在）。

表2　社会権規約7条および8条

◆第7条
　この規約の締約国は、すべての者が公正かつ良好な労働条件を享受する権利を有することを認める。この労働条件は、特に次のものを確保する労働条件とする。
　（a）すべての労働者に最小限度次のものを与える報酬
　　（ⅰ）公正な賃金及びいかなる差別もない同一価値の労働についての同一報酬。特に、女子については、同一の労働についての同一報酬とともに男子が享受する労働条件に劣らない労働条件が保障されること。
　　（ⅱ）労働者及びその家族のこの規約に適合する相応な生活
　（b）安全かつ健康的な作業条件
　（c）先任及び能力以外のいかなる事由も考慮されることなく、すべての者がその雇用関係においてより高い適当な地位に昇進する均等な機会
　（d）休息、余暇、労働時間の合理的な制限及び定期的な有給休暇並びに公の休日についての報酬

◆第8条
1　この規約の締約国は、次の権利を確保することを約束する。
　（a）すべての者がその経済的及び社会的利益を増進し及び保護するため、労働組合を結成し及び当該労働組合の規則にのみ従うことを条件として自ら選択する労働組合に加入する権利。この権利の行使については、法律で定める制限であって国の安全若しくは公の秩序のため又は他の者の権利及び自由の保護のため民主的社会において必要なもの以外のいかなる制限も課することができない。
　（b）労働組合が国内の連合又は総連合を設立する権利及びこれらの連合又は総連合が国際的な労働組合団体を結成し又はこれに加入する権利
　（c）労働組合が、法律で定める制限であって国の安全若しくは公の秩序のため又は他の者の権利及び自由の保護のため民主的社会において必要なもの以外のいかなる制限も受けることなく、自由に活動する権利
　（d）同盟罷業をする権利。ただし、この権利は、各国の法律に従って行使されることを条件とする。

2　この条の規定は、軍隊若しくは警察の構成員又は公務員による1の権利の行使について合法的な制限を課することを妨げるものではない。

3　この条のいかなる規定も、結社の自由及び団結権の保護に関する千九百四十八年の国際労働機関の条約の締約国が、同条約に規定する保障を阻害するような立法措置を講ずること又は同条約に規定する保障を阻害するような方法により法律を適用することを許すものではない。

ベトナム3万7537人と続く。このなかで、特にベトナムについては、前年同期比で＋1万709人（39.9％）と激増している。

なお、業種をみると、外国人労働者、外国人労働者を雇用する事業所共に、製造業が最も多く、外国人労働者数全体の36.6％を占めている。また、労働者派遣・請負事業を行っている事業所に就労している外国人労働者数は17万387人にのぼり、外国人労働者全体の23.7％を占めている。これは、外国人労働者の多くが非正規雇用、間接雇用で雇用されていることを意味しており、雇用の安定性に乏しいことは否めない。

（2）日本の労働関係法令

日本の労働関係法令に関しては、外国人に対する特別な規定といったものは見当たらず、主要な労働法規には、国籍や人種による差別を明確に禁止する規定が存在しており[8]、少なくとも法制度上は外国人労働者と日本人労働者との平等取扱いは徹底しているといえる[9]。

通説においても、外国人労働者に対して、労働基準法、労働安全衛生法、労働者災害補償保険法、最低賃金法等の労働保護法規は、日本国内における強行法規として在留資格の有無、合法、違法の別を問わずに適用されるとともに、職業安定法、労働者派遣法における職業紹介、労働者派遣、労働者供給の原則的禁止も適用されると解されている[10]。

---

8 たとえば、労働基準法3条、労働組合法5条2項4号、職業安定法3条、労働者派遣法27条、国家公務員法27条、地方公務員法13条（国家公務員法と地方公務員法の法主体は「国民」となっている）。なお告示レベルまで挙げれば、平成16年11月4日厚生労働省告示391号（職業紹介事業者、労働者の募集を行う者、募集受託者、労働者供給事業者等が均等待遇、労働条件の明示、求職者等の個人情報の取扱い、職業紹介事業者の責務、募集内容の的確な表示等に関して適切に対処するための指針）、平成16年11月4日厚生労働省告示392号（派遣元事業主が講ずべき措置に関する指針）等がある。

9 野川忍「外国人労働者をめぐる法的課題」『ジュリスト増刊 労働法の争点〔第3版〕』〈法律学の争点シリーズ7〉（有斐閣、2004年）128頁。

(3) 理念と現実のギャップ

　上記に鑑みると、少なくとも労働法構造上は**内外人平等原則**が徹底しているように思われる。しかし、実際の労働現場で外国人労働者に起こったことを見聞するとき、日本人労働者と外国人労働者の平等取扱いという理念がいかに画餅にすぎないものであるかを思い知らされることになる。たとえば、在留期間を超過したオーバーステイのバングラデシュ人の男性が1か月100時間以上の残業を続け、勤務中に心筋梗塞を起こしたが、会社が労災手続に応じようとしなかったり（その後労基署が認定）、短期滞在の在留資格で入国後、在留期間を超過したまま日本で就労を継続し、摘発を恐れて健康保険にも加入せず、生まれたこどもの住民登録もせず、不就学状態が長期間に及んでいたり、といった事例は枚挙に暇がない。

　こういった理念と現実のギャップは、日本の外国人に対する政策のあり方に端を発している。日本政府は一貫して、「専門的、技術的分野の労働者は積極的に受け入れるが、単純労働者の受け入れは充分慎重に対応する」との方針をとっており、他方、入管側においても、「我が国の社会にとって有益である外国人は円滑に受け入れ、他方、我が国の社会にとって有害である外国人を排除し、もって我が国社会の健全な発展を維持していく」[11]との立場を堅持している。

(4) 入管政策と労働法の狭間

　同じ職場で同じ仕事をしていても、日本人労働者には関係がなく外国人労働者にのみ関係のある法律、それが「出入国管理及び難民認定法」

10　例外として、職業安定法に則った公共職業安定機関による職業紹介等のサービスは、在留資格のある外国人のみが受けられいわゆる不法就労者は受けられない取扱いをしている（菅野和夫『労働法〔第十版〕』〈法律学講座双書〉［弘文堂、2013年］108頁）。

11　出入国管理法令研究会『新版 出入国管理法講義』（日本加除出版、1998年）1頁。

（いわゆる入管法）である。入管法の在留資格によってその身分は多岐にわたる上、就労に関する条件も異なる。入管法の規定それ自体が、国際人権法や憲法の見地から問題性ありと指摘されていること[12]は考慮に入れるべきであるが、日本に在留する外国人労働者を対象とする際には、現行入管法のカテゴリーに則らなくてはならないという条件下に、自ずと労働法学は置かれることになる。

しかし、いくら入管行政において正規の在留資格をもたない労働者を「不法」就労扱いしたとしても、労働法的側面からは、入管法上違法であるか否かを問わず、外国人労働者に対し、いかなる労働法規を適用することが可能であるか、また適正な労働条件をどのように確保すべきかが問題となる。つまり「労働者」として保障されるべき権利については、入管法を凌駕した問題であるはずなのである。問題の根底には、それにもかかわらず、労働法規上の保護が外国人労働者当事者に届く前に、入管法によってブロックされるという構造上の問題があると考えられる。

（5）外国人への差別性の有無

労働基準法3条において、労働条件の国籍差別を禁止し均等待遇を定めているものの、雇用に関する国籍差別は広く行われていた。代表的な判例である**日立製作所事件**[13]は、在日朝鮮人であることを隠して応募した原告が内定を受け、入寮手続の際に在日朝鮮人であることを告げたとたんに内定を取り消されたという事例であるが、裁判所はこれを「国籍」を理由とする差別的取扱いであると判断したものである。

また、外国人との契約のみ、「期間の定めある契約（有期雇用契約）」であるという点について、これが国籍、人種などを理由とする外国人への

---

12 日本弁護士連合会は、1999年に国際人権規約委員会の勧告を受けて、入管施設内の処遇の基準の明示などを盛り込んだ入管法の改正を提案している。
13 横浜地判1974（昭和49）年6月19日判時744号29頁。

差別にあたるかという問題があるが、これについて**東京国際学園事件**[14]では、従来の賃金体系からみれば高額の賃金を提供することで多数の外国人教員を雇用する目的で導入した契約であることからすれば、被告としては、外国人契約とまったく同じ内容で期間の定めなき契約を締結することはできなかったとし、外国人契約の期間を定める部分が、憲法14条、労働基準法3条に違反して無効であるとはいえないと判断している。

労働条件の部分だけに着目すれば、ある部分で優遇されているのだから、他の面では多少の妥協をしてほしいという使用者の感情があるのだろう。しかし、重大なのは、外国人教員の募集枠が、最初から期間の定めある契約のみに限定されること、すなわち他の選択肢がまったくない状況に置かれていることではないだろうか。1982（昭和57）年に制定された「国立又は公立の大学における外国人教員の任用等に関する特別措置法」[15]の立法趣旨として、任期を付すことで円滑なローテーションが図られ外国人の積極的任用という目的に資することが謳われているが、今後、長期に滞在し定住化する外国人が増加するであろうことは確実であることを考え併せるならば、当然のように期間の定めある契約で対応する現況は、再考の余地がある。

そもそも、入口の時点から日本人労働者と明確に異なる処遇を設け、外国人労働者は、すべてパートタイム、派遣、契約社員等の非正規雇用や有期雇用契約とすること自体が、「国籍」による差別的取扱いとなる余地は充分ある。すなわち、雇用契約の内容の差異が、社会権規約の趣旨に反する差別的取扱いとして違法となる可能性がある。

14　東京地判 2001（平成 13）年 3 月 15 日労判 818 号 55 頁。
15　国立大学が 2004（平成 16）年に国立大学法人となったため、現在は公立大学のみ対象となっている。

3．財産権

　財産権に関しては、国際人権規約のなかに明文規定はないが、経済的権利として財産権はきわめて重要な位置を占めるものであるので、ここで触れておく。
　日本国憲法29条は、財産権について下記のように定めている。

1　財産権は、これを侵してはならない。
2　財産権の内容は、公共の福祉に適合するやうに、法律でこれを定める。
3　私有財産は、正当な補償の下に、これを公共のために用ひることができる。

（1）財産権の歴史

　18世紀末の近代憲法においては、財産権は、個人の不可侵の人権と理解されていた。1789年フランス人権宣言の「所有権は、神聖かつ不可侵の権利である」という規定（17条）は、まさしくこの思想を体現するものである。しかし次第に、財産権は社会的な拘束を負うものと考えられるようになった。1919年のワイマール憲法が「所有権は義務を伴う。その行使は、同時に公共の福祉に役立つべきである」（153条3項）と規定したのは、その思想を表現したものであろう。
　財産権は、前述したように、国際人権規約のなかには規定が存在しないが、本章では経済的権利の問題として扱うことにする。たとえば、**鉱業法**17条は次のように定めている。「日本国民又は日本国法人でなければ、鉱業権者となることができない。但し、条約に別段の定があるときは、この限りでない」。
　すなわち、特別な条約がない限り、鉱業権者を日本国民と日本国法人に限定している。ただし、「日本国民又は日本国法人」についての定義

は定められていない。つまり、実態は100％外資であったとしても、日本法人ならば、鉱業出願が可能ということである。

（2）外国人の私権保護

外国人の私権保護に関しては、2つの見解がみられる。1つは「**相互主義**」といい、その本国が自国民に認めるのと同程度まで認める主義である。もう1つは「**平等主義**」といい、外国人に対して原則として自国民と同様の私権を享有させる主義である。日本は法令や条約によって外国人の権利の享有を制限しうる余地を認めているといえる（民法3条2項）。

現在も有効である「外国人土地法」が戦前の大正14年法律第42号として制定され、実際には、外国人土地法による権利制限はない。外国人土地法は、外国人が土地について権利を享有することは原則として自由との立場をとるものの、次の2つの場合については、制限が可能であることを規定している。

1つ目は、ある国が日本人（法人を含む）に対して土地に関する権利の享有を禁止し、または条件もしくは制限を付しているときは、その当該国の国民（法人を含む）に対し「勅令」をもって、同一もしくは類似の処置をとることができるとするものである（法1条）。ただし、1条に基づく勅令または政令は、現在に至るまで一度も発せられたことがない。

2つ目は、日本の国防上必要な地区については「勅令」をもって、外国人が土地に関する権利を取得することを禁止し、または条件もしくは制限を付することができるとするものである（法4条）。4条に基づく勅令としては、外国人土地法施行令[16]があるが、同令は昭和20年10月24日勅令598号で廃止された。

その他には、昭和24年政令51号の「外国人の財産取得に関する政

16　大正15年勅令334号。

令」の制定（後に廃止）、昭和24年政令311号の「外国政府の不動産に関する権利の取得に関する政令」の制定があるが、同令に基づき大蔵大臣（現財務大臣）が指定する国から多くの国が除外されているため、同令が実際に適用されることは実際にはほとんどないというのが実情である。したがって、現在は、外国人の不動産取得に関して特段の制限はないといえる。

●参考文献

中山和久編著『教材 国際労働法』（三省堂、1998年）
　〈ILO条約を中心に、労働にかかわる主要国際条約と解説がコンパクトに収められている。〉
手塚和彰『外国人と法〔第3版〕』（有斐閣、2005年）
　〈外国人に関連する法律が分野ごとに整理して紹介されており情報量も多い。新版が望まれる。〉
芦部信喜『憲法〔第五版〕』（岩波書店、2011年）
　〈いわずとしれた憲法学のベーシック。基本理念を確認したいときには本書に立ち返る。〉

第3章

社会的権利

申　惠丰

はじめに

本章では、国際人権規約のうち**経済的、社会的及び文化的権利に関する国際規約（社会権規約）**の9条から12条で規定されている諸権利を念頭において考察する。9条は「社会保険その他の**社会保障についてのすべての者の権利**」を定める。10条は、社会の基礎的な単位である家族に対して与えられるべき保護・援助について定め（1項）、また特に、出生その他によるいかなる差別もなくすべての子どもと年少者のために、保護・援助のための特別な措置が取られるべきことを定める。11条は、自己と家族のための十分な[1]衣食住を内容とする生活水準についての権利（1項）に加え、すべての者が飢餓から免れる基本的な権利をもつこととそのための措置について定める。12条は**健康についての権利**を規定し、すべての者は到達可能な最高水準の身体と精神の健康を享受する権利をもつとする。これらのうち、飢餓から免れる権利は、社会権規約で唯一「基本的な」権利と明記されていることからも窺えるように、**生**

---

[1] 条約の政府公定訳では「相当な」であるが、正文の adequate/suffisant は「十分な」を意味するため、ここでは「十分な」と訳している。

第3章　社会的権利

命権に直結する根源的な権利であり、健康についての権利も、その射程範囲は広いものの、命にかかわるような疾病やけがの予防・治療に関してはこれも生命権に連なる意味合いをもった権利である[2]。

　社会権規約は、上記の9～12条を含む権利規定（6～15条）で一貫して「すべての者」の権利を認める[3]。締約国は、権利の完全な実現を漸進的に達成するため措置を取る（2条1項）こととされ、権利実現の時間的な幅では柔軟性がもたされている。しかし、「漸進的に（progressively）達成するため……措置をとる」とは、権利の実現を徐々に改善させ進歩（progress）させる方向で措置を取ることを意味し、単なる努力義務とは異なる[4]。その義務の履行状況はしたがって、国内的に、また**社会権規約委員会**による報告審査の場で継続的にチェックされなければならない。一定の権利を認め、その実現に向けて措置を取る義務を負った以上は、なんら措置を取らない不作為はこの義務に反するし、権利の実現を意図的に後退させる措置を取ることも、規約の趣旨に反することとなる（**後退禁止原則**）[5]。また規約は、規約上の権利がいかなる差別もなく行使されるよう保障することを義務づけている（2条2項）から、権利実現の過程では差別があってはならない。

　日本では、批准した条約は国内的効力を有し、また序列として法律に優位する。よって、人権条約の規定に反する国内法の規定は改廃されな

2　生命権は**市民的及び政治的権利に関する国際規約（自由権規約）**6条に規定されているが、自由権規約委員会は本条につき、委員会としての法解釈をまとめた「一般的意見」で、締約国は「固有の権利」（6条）たる生命権を保護するために積極的な措置を取る必要があり、特に栄養不良や疫病をなくすための措置を取るべきであるとしている。
3　発展途上国は、経済的権利をどの程度まで外国人に保障するかを決定できる（2条3項）。
4　申惠丰『国際人権法——国際基準のダイナミズムと国内法との協調』（信山社、2013年）164頁。
5　同上、179-180、292頁。

ければならないし、国内法の解釈・適用も、人権条約の要請に合致するように行われる必要がある。外国人の出入国を規律する入管法（出入国管理及び難民認定法）とて一法律であって、人権条約の方が優位に立つ規範であることを看過してはならない。

　社会的権利の分野の諸法のうち、被用者保険や労働保険のように雇用関係を前提とした制度は、当初から、国籍に関係なく適用されてきた。加えて、社会権規約がすべての者の権利を認め差別を禁じていることから、日本が1979年にこれを批准した際には、公営住宅法や住宅金融公庫法など住宅保障関連の4つの法律の国籍要件が、解釈変更によって撤廃された。さらに、1981年に**難民条約**に加入した際には、その24条が社会保障に関して難民に自国民と同一の待遇を与えるとしていることから、国民年金法および、児童手当法や児童扶養手当法など社会手当関連の3つの法律の国籍条項が撤廃されることとなった。

　これらの法改正は、たとえ永住外国人でも日本国籍を有しないというだけで法の適用から排除されてきたことからすれば、外国人の権利保護にとって大きな前進だった。しかし、社会的権利の分野における国内法の状況にはなお多くの問題がある。以下では、主な問題を人権条約との適合性という観点から検討していく。

1．戦争犠牲者援護関係の諸法の国籍条項

　戦争犠牲者の援護のための法律には、戦傷病者・戦没者やその遺族・家族、未帰還者・引揚者やその家族らを対象とした計13の法律があり、その他、被爆者の支援に関する法律[6]があるが、これらのうち、被爆者

6　当初、原子爆弾被爆者の医療等に関する法律（以下、原爆医療法）ならびに、原子爆弾被爆者に対する特別措置に関する法律の2つがあったが、1994年以降は原子爆弾被爆者に対する援護に関する法律（以下、被爆者援護法）に一本化されている。

支援の法律を除く 13 の法律にはすべて**国籍条項**がある[7]。代表的なものとして、**恩給法**と戦傷病者戦没者遺族等援護法（以下、**援護法**）についてみてみよう。恩給は、公務員が公務による傷病のために退職した場合や公務のために死亡した場合に給付する、**国家補償**の性格をもった制度であり、1923 年制定の恩給法に基づき支給されている[8]。公務員の年金制度は 1959 年に共済年金に移行しているため、現在、支給対象者の圧倒的多数（98％）は旧軍人とその遺族である[9]。恩給法は、国籍を失ったときは受給権を失うと定める（9 条 3 項）。援護法は、軍人・軍属および準軍属（国家総動員法に基づく被徴用者など）の傷病や死亡に関し、「国家補償の精神に基づき」[10]、障害者本人には障害年金を、遺族には遺族年金や弔慰金を支給するため 1952 年に制定されたが、軍人には恩給法が適用されるため、主な支給対象は、恩給法に該当しない軍人・軍属・準軍属とその遺族である[11]。援護法は附則 2 項で、戸籍法の適用を受けない者には適用しないと規定し、在日朝鮮人・台湾人を排除している[12]。戦

7 　原爆医療法が国籍による制限を行っていないのは、被爆による健康障害の特異性・重大性ゆえに内外人の区別をすべきでないことによる。しかし、同法の適用は当初、国内に居住する被爆者に事実上限定されていた。非正規に入国した在韓被爆者に対する被爆者健康手帳の交付をめぐる孫振斗事件で最高裁は、同法は特殊な戦争被害につき国がその責任で救済を図るという国家補償的配慮を根底に有しているとして当該被爆者にも適用を認めた（最判 1978［昭和 53］年 3 月 30 日民集 32 巻 2 号 435 頁）。
8 　旧軍人・軍属への恩給は、1946 年に、軍人やその遺族のみが優遇される制度は排除すべきであるとの理由で連合国最高司令官の指令により廃止されたが、サンフランシスコ平和条約で日本が主権を回復した後の 1953 年に法律第 155 号によって復活させられている。
9 　総務省「恩給制度の概要」(http://www.soumu.go.jp/main_sosiki/onkyu_toukatsu/onkyu.htm)。
10 　「国家補償の精神」とは、援護法に基づく給付が、国との身分関係により支給されることを示すものとされる（厚生省社会・援護局援護 50 年史編集委員会監修『援護 50 年史』［ぎょうせい、1997 年］195-196 頁）。
11 　厚生労働省「戦争病者及び戦没者遺族への援護」(http://www.mhlw.go.jp/stf/seisakunitsuite/bunya/hokabunya/senbotsusha/seido03/)。

時中、植民地下にあった朝鮮半島や台湾からは、日本軍人・軍属として数十万人の人々が狩り出されたが(うち5万人余りが戦死)、これらの人々やその遺族は恩給法や援護法の適用から外されているのである。その後、法廷闘争を経て1980年代後半には台湾人戦没者遺族らに弔慰金を支給する法律[13]が、2000年には旧植民地出身者について同様の法律[14]が制定されているが、遅きに失したことは否めず、またその内容も、日本国籍の者と比べればきわめて貧弱なものにとどまる。

軍人恩給の支給における国籍差別をめぐっては、自由権規約に基づく**個人通報**の事案で、平等権の侵害が認定されているものがある。自由権規約は26条で、法律の平等な保護をすべての者に保障するという一般的な平等権の規定をおいている[15]。フランス領セネガル出身者であり、フランス軍で兵役に就いたゲイエら退役兵が、セネガルが独立した現在はセネガル国籍であるとの理由でフランス人退役兵よりも低い額の軍人恩給しか支給されないことを差別と主張した事件で、自由権規約委員会は、軍での服務に対する恩給の額が現在の国籍によって異なることは国籍(26条では「他の地位」に含まれる)による不合理な差別にあたるとした[16]。

---

12 植民地下では朝鮮人・台湾人も日本の「帝国臣民」であったが、戸籍は「内地」戸籍と区別され、「内地」への転籍は禁じられていた。このため、戦後、参政権をはじめ、日本政府が在日朝鮮人・台湾人の権利を次々と停止していく過程で、このように「戸籍」を基準とする区別が行われた(田中宏『在日外国人——法の壁、心の壁〔第3版〕』〔岩波書店、2013年〕63頁)。

13 1987年の「台湾住民である戦没者の遺族等に対する弔慰金に関する法律」および88年の「特定弔慰金等の支給の実施に関する法律」。戦没者遺族および重度戦傷者に対して、一人200万円の弔慰金を支給する。

14 「平和条約国籍離脱者等である戦没者遺族等に対する弔慰金等の支給に関する法律」。戦没者等の遺族に一人260万円、重度戦傷者に一人400万円の弔慰金を支給する。

15 「法律は、あらゆる差別を禁止し及び人種、皮膚の色、性、言語、宗教、政治的意見その他の意見、国民的若しくは社会的出身、財産、出生又は他の地位等のいかなる理由による差別に対しても平等のかつ効果的な保護をすべての者に保障する」(自由権規約26条)。

「年金の支給の基礎は、彼ら［＝ゲイエら］および、フランス国籍にとどまった者が双方とも提供した同じ服務であったのだから、事後の国籍の変更は、それ自体、異なった取扱いに対する十分な正当化事由とはみなされ得ない」[17]。この先例法に照らせば、日本の恩給法や援護法における旧植民地出身者の排除は、自由権規約 26 条に違反し、額が異なるどころか最初から除外している点で一層違法性が高いといえる。

2．国民年金法の国籍条項と経過措置——無年金の問題

1959 年に制定された**国民年金法**は、国民皆年金の理念に基づき、被用者年金制度でカバーされてこなかった農林漁業者、自営業者、自由業者を対象とする強制加入[18]の年金制度であり、老齢・障害・生計維持者の死亡が生じた場合に年金を給付する。被保険者は、日本国内に居住する 20 歳以上 60 歳未満の者（1981 年の改正前は日本国民）である。財源は、保険料と、社会保障の観点から拠出する国庫金によっている。

難民条約加入に伴い、同法は 1981 年に改正され**国籍条項**が削除された。しかし、35 歳以上の外国人は、60 歳までに 25 年の保険料納付期間を満たせないという理由で老齢年金加入が認められなかった。また、1982 年 1 月 1 日時点で 20 歳以上の外国人障害者は、障害年金加入が認められなかった。1985 年の法改正[19]で老齢基礎年金につき要件が緩和され、旧法の国籍条項により被保険者とならなかった期間がカラ期間と

---

16 *Ibrahima Gueye et al. v. France,* Communication No.196/1985, 1987 年 11 月 5 日。
17 *Ibid.,* para.9.5.
18 ただし、学生は 1991 年まで任意加入であった。
19 被用者年金（厚生年金保険か共済組合）に加入している人も国民年金に加入することとされ、年金が基礎年金と上乗せ部分の 2 階建て構造になった。障害福祉年金、老齢福祉年金、母子福祉年金はそれぞれ障害基礎年金、老齢基礎年金、遺族基礎年金となり、また財源は、無拠出制から、国民年金加入者からの負担も含めたものになった。

して支給要件期間に算入されることとなった際も、新法施行時に60歳以上の者（1926年4月1日以前に生まれた者）は再び除外された。このため、在日外国人高齢者・障害者の中には、無年金で困窮した生活を強いられている人が相当数存在する。1959年の制度発足時には、すでに老齢・障害・生計維持者の死亡が生じていた者のために無拠出制（全額国庫負担）の福祉年金が創設され、また沖縄返還（1972年）・中国在留邦人の帰国（1994年）・北朝鮮拉致被害者の帰国（2002年）時などには、国内居住要件によって無年金者が生じないよう救済措置が講じられたように、相応の工夫をすることは十分可能なはずであるのに、外国人に対する切り捨て扱いは際立っており、立法裁量の逸脱・濫用による違法の疑いを生ずる。外国人といっても、元々日本国籍を有し、日本に永住している人に至ってはなおさらである。

　塩見訴訟の原告はまさにそのような人であり、1934年に「帝国臣民」として生まれ、戦後1952年に一転して「外国人」とされた。その後1970年に帰化し日本国籍を取得するが、1959年に失明し障害を負った当時は韓国籍であった。廃疾認定日（障害を発症したと認められる日）が法改正前であるため、旧法の国籍条項により障害福祉年金の受給資格を認められなかった塩見さんが提起した訴訟で最高裁は1989年、国籍条項をおいたことについて立法府の広い裁量を認め、訴えを退けた[20]。しかし、このような永住外国人、それも元来日本国籍を有していた人を一律に「外国人」として排除する論理はあまりに乱暴である。

　また最高裁は本判決で、社会権規約9条は「締約国において、社会保障についての権利が国の社会政策により保護されるに値するものであることを確認し、右権利の実現に向けて積極的に社会保障政策を推進すべき政治的責任を負うことを宣明したものであって、個人に対し即時に具体的権利を付与すべきことを定めたものではない」としたが、この判示

20　最判1989（平成元）年3月2日判時1363号68頁。

も受け容れ難い。社会権規約は個人の権利を認め、その実現に向けて締約国に法的義務を課した条約であって、単なる政策文書ではない。憲法25条の**生存権**もそれが侵害される局面においては司法審査に服しうることが学説・判例で認められているように[21]、社会権規約上の権利も、明文で「権利」と認められている以上、権利の侵害の有無について司法が判断を下す余地は当然にあるとみなければならない。本件の場合、原告は国民年金法という法律の介在なしに社会権規約9条から障害福祉年金の受給を主張していたわけではなく、同法の国籍条項によって不当に排除されていることを訴えていたのであるから、国籍条項を原告のような人に適用することの合理性を、社会権規約9条および、差別を禁じた同2条2項に照らして判断することができたはずである[22]。

2000年代に入り、社会権規約2条2項について、既存の法律における差別を排除する側面においては**直接適用可能性**を認められるとする裁判例が現れていることは注目される。無年金状態の在日韓国人らが提起した国家賠償請求訴訟で2005年、大阪地裁は、「社会保障を受ける権利自体は国の漸進的達成義務によるものであるから直ちに具体的な権利として認めることはできないが、すでに立法された場合には、社会保障を

---

21 憲法25条の生存権は、様々な社会保障立法によって初めて具体的に保障されることとなるというのが通例の理解であるが、それでも、「憲法上の権利が法律で具体化されている場合に、法律上の権利行使が不当に阻害されたときには、それは法律違反であると同時に、憲法上の権利の侵害でもあると解するのが妥当である」と説かれる(戸波江二「憲法学における社会権の権利性」『国際人権』16号［2005年］70頁)。判例も、朝日訴訟最高裁判決は「現実の生活条件を無視して著しく低い基準を設定する等憲法および生活保護法の趣旨・目的に反し、法律によって与えられた裁量権の限界をこえた場合または裁量権を濫用した場合には、違法な行為として司法審査の対象となる」ことを認めている（最大判1967［昭和42］年5月24日民集21巻5号1043頁)。
22 最高裁が特に社会権規約2条2項の平等原則の意義を完全に没却させていることへの批判として、高藤昭『外国人と社会保障法――生存権の国際的保障法理の構築に向けて』(明石書店、2001年) 185頁。同項の直接適用可能性については、申前掲書、489-495頁も参照。

受ける権利において差別を禁止する同規約2条2項は、自由権規約26条と同趣旨にあるものとして、裁判規範性を認めることができる……。本件は、原告らが、A［＝社会権］規約9条の規定を具体的に立法化したものである旧法において定められた国籍条項が、**内外人平等原則**に違反して違法である旨主張して国家賠償を求めている事案であり、いわば国家から差別的待遇を受けないことを求める、A規約の自由権的側面に関わる問題である。このような自由権的側面に関する事項については、A規約の規定であっても、その性質上、自動執行力ないし裁判規範性を有するものと解すべきである」(太字筆者)[23]とした。控訴審も、社会権規約2条2項の直接適用可能性については原審の判断を踏襲した[24]。しかし両判決とも、国籍条項は同項および自由権規約26条に合致せず、放置されれば違法となる余地があるとしたものの、規約発効の約2年後に撤廃されたため違反はないとした上で、その後の法整備によっても原告らが救済されなかったことについて広範な立法裁量を認めた。

　無拠出制年金を支給して生活保障をする責務は第一次的にはその者の属する国が負うべきだから、立法府は経過措置を講ずるか否かにつき広範な裁量権を有するというが、その理屈は、①そもそも在日韓国人のように日本に永住している人に、日本以外に「属する国」を想定することは形式論理にすぎる、②国民年金法は居住要件を有し、海外に在住する日本人の生活保障については在留国に委ねている点で説得性を欠く[25]、③社会権規約上、外国人を国民と分けて除外することは認められない、という諸点で問題がある。④無拠出制年金であることが外国人を排除する根拠となるかについても、多くの国で社会保障の財源は今日複合的なものになっており、人権条約の解釈・適用において社会保障給付権がか

23　大阪地判2005（平成17）年5月25日判時1898号75頁。
24　大阪高判2006（平成18）年11月15日判例集未登載。
25　丹羽雅雄「在日コリアン高齢者無年金問題」『国際人権』18号（2007年）97頁。

かわる際も、拠出制か無拠出制かは問題とされない傾向にあることに注意すべきである[26]。

世界人権宣言は、すべての者は「社会の構成員として」社会保障についての権利をもつとしている（22条）。社会保障の受給者が給付を受けるとき、その給付は実質的には社会一般の人々の保険や税の配分を受けているのであり、生存権そして社会保障の基礎には**社会連帯**の観念がある[27]。日本自体が国民年金法に居住要件をおいているように、社会保障の権利は、人が社会の一員として働き生活を営むことを基盤としており、少なくとも、日本に居住し国民と同一の法的・社会的負担をになっている定住外国人には等しく及ぶものとみるべきである[28]。EU諸国では、2003年の「長期在住者たる第三国国民の地位に関する指令」[29] によって、EU外の国の国民で合法的かつ継続的に5年以上居住している者に対して、長期在住者の資格（少なくとも5年有効で、その後は自動的に更新可能な一種の永住許可）を認めることとされ、長期在住者は各国の国内法上の社会保障制度において国民と平等の待遇を受けることが保障されている。このことは、今日、社会保障における内外人平等は、出身国を問わない普遍主義的な**永住市民権**の問題として位置づけられていることを示すも

26　ヨーロッパ人権裁判所の2005年の判決で、現在の各国の社会保障制度では拠出・無拠出制の境界は明確でなく複合的な性格をもっていることから、同条約第1議定書1条が規定する財産権につき、「個人が国内法の下で社会保障給付に関して主張可能な権利をもつ場合には、……第1議定書1条が適用されると解すべきである」としている（*Stec and others v. the United Kingdom,* Admissibility Decision, ECHR 2005-X, paras.50-51）。その上で、同条は社会保障給付を受ける権利を含まないが、締約国が給付制度を創設する場合にはそれは条約14条の差別禁止規定に合致しなければならないとした（*ibid.,* para. 55）。

27　戸波前掲論文、63頁。

28　大沼保昭『新版 単一民族社会の神話を超えて──在日韓国・朝鮮人と出入国管理体制』（東信堂、1993年）238-239頁。

29　Council Directive 2003/109/EC of 25 November 2003 concerning the status of third-country nationals who are long-term residents, OJ L.16/44（2004）.

のである[30]。社会連帯を基盤とする社会保障においては、形式的な国籍の有無ではなく、その社会の構成員といえるだけの継続的な定住性をもつかどうかが重要であり、立法裁量の逸脱・濫用とならないための合理的な区別の根拠となりうる点なのである。国民年金法における一部永住外国人の排除は、社会権規約9条と2条2項に反しかつ、これらに照らして解釈した憲法25条と14条にも反しており、早急な是正が求められる。

3．生活保護法

　1946年に制定された旧**生活保護法**は、生活の保護を要する者の生活を国が差別なく平等に保護することを掲げ（1条）、実務上も、その対象には外国人も含まれるとされ現に適用されていた[31]。これに対し、1950年制定の現行の生活保護法は、生活に困窮するすべての「国民」に保護を行うと規定する（1条）。これは、同法を提案した日本政府が、憲法25条の生存権に淵源し権利性をもつ社会保障法であるとの立場に立ち、外国人をその適用から除外する意図で規定したものであった[32]。一方で、厚生省は1954年の通知[33]で、外国人は同法の対象ではないが、困窮する外国人に対し、国民に準じて必要と認める保護を行いうるとしたため、外国人であっても個別に必要と判断された場合に生活保護が適用されてきた[34]。ところが、その後1990年10月25日、厚生省は保護課の会議

30　近藤敦「判例紹介 在日コリアン無年金高齢者国家賠償請求事件」『国際人権』23号（2013年）130頁。
31　髙藤前掲書、101-102頁。
32　同上、102頁。
33　1954年5月8日社発382号。
34　難民条約加入の際に生活保護法が改正されなかったのも、同通知によりすでに準用されているから改正は必要ないとされたためであった（古賀昭典編著『現代公的扶助法論〔新版〕』［法律文化社、1997年］124頁）。

で、外国人に対する生活保護措置は入管法別表第2に記載の永住者・定住者に限るという口頭指示を行い、それ以外の外国人を準用対象から除外することとした[35]。すべての人の社会保障の権利を認め（9条）、その実現を漸進的に達成するため措置を取ることとした社会権規約2条1項からすると、このような意図的な後退措置は規約に反し、しかも内部的な口頭指示で行ったという点で憲法31条（適正手続の保障）・41条（国会の立法権）にも違反している。

同法の不適用をめぐる訴訟が多数提起されてきたなかで、判例は一般にこのような行政実務を支持してきた。しかし憲法学説では、社会権の保障から外国人が原理的に排除されていると解すべきではないとする立場が通説的見解であり[36]、裁判例にも同様の見方を示したものがある[37]。特に、緊急医療費のように生命の危機にかかわる給付をめぐっては議論があり、スリランカ人留学生がくも膜下出血で入院治療を受けた費用の支払いに関する事件で神戸地裁は、生活保護法により外国人が保護を受ける権利を否定したものの、重大な傷病への緊急治療については法律でなんらかの措置を講ずるのが望ましいと付言している[38]。

他方で、「準用」されうる永住者・定住者にとって実際上大きな問題となるのは、保護の開始を法的に要請することができるかという点である。2010年代に入り、中国人永住者が生活保護申請を却下されその取消を求めた訴訟で、大分地裁が却下通知には処分性があるとしてこれを取り消した[39]ことを契機に、厚生労働省は外国人の不服申立を認める通知を発したが、却下処分に対する不服申立については外国籍であることを理由に棄却裁決を求める内容となっており[40]、結局、外国人に保護

---

35 手塚和彰『外国人と法〔第3版〕』（有斐閣、2005年）324頁。
36 芦部信喜『憲法学Ⅱ』（有斐閣、1994年）136-137頁。
37 東京地判1996（平成8）年5月29日 LEX/DB28011648 など。
38 神戸地判1996（平成8）年6月19日判例地方自治139号58頁。
39 大分地判2010（平成22）年9月30日判時2113号100頁。

を与えるかどうかは行政の完全な裁量事項になってしまっている[41]。この大分の事件の控訴審で、福岡高裁は 2011 年、一定範囲の外国人は生活保護法の準用による法的保護の対象になるという注目すべき判断を示した。「当初生活保護法の対象は日本国民に限定されていたものの、実際には……通知により外国人もその対象となり、日本国民とほぼ同様の基準、手続により運用されていたものである。その後、難民条約の批准等に伴い……生活保護法については、上記運用を継続することを理由に法改正が見送られる一方、生活保護の対象となる外国人を難民に限定するなどの措置も執られなかったこと、その後の平成 2 年 10 月には……対象となる外国人を永住的外国人に限定したことが認められる。すると、国は、難民条約の批准等及びこれに伴う国会審議を契機として、外国人に対する生活保護について一定範囲で国際法及び国内公法上の義務を負うことを認めたものということができる。……換言すれば一定範囲の外国人において上記待遇を受ける地位が法的に保護されることになったものである」[42]。難民条約批准時の国会審議を振り返ってありのままに援用した裁判所の論法には説得力がある[43]。しかし、その上告審で最高裁は 2014 年、外国人は行政措置により事実上の保護の対象となりうるにとどまり、生活保護法に基づく受給権を有しないという判断を示した[44]。このような現状をみると、難民条約加入時に生活保護法の国籍要件が明示的に撤廃されなかったことは今なお運用上の問題として後を引いているといえる[45]。外国人に関する生活保護法上の扱いが、あくまで「準用」

---

40 2010 年 10 月 22 日社援保発 1022 第 1 号。
41 葛西まゆこ「永住的外国人と生活保護制度・コメント」『国際人権』24 号、(2013 年) 86 頁。
42 福岡高判 2011 (平成 23) 年 11 月 15 日判タ 1377 号 104 頁。
43 河野善一郎「永住外国人の生活保護申請却下処分取消訴訟」『国際人権』24 号 (2013 年) 81-83 頁。
44 最判 2014 (平成 26) 年 7 月 18 日 LEX/DB25504546。
45 葛西前掲論文、87 頁。

であってこのようになんら権利性がないとされているのに反して、日本政府は社会権規約委員会に対する政府報告書では社会保障に関して内外人平等原則を適用していると記載するなど、対外的には論理を使い分けていることも問題である[46]。

先に社会保障の基盤についてふれたとおり、生活保護もその本質は、**社会連帯原理**に基づき、生活に困窮した個人を保護するものであるから、日本に長年居住し実質的な社会の構成員となっている定住外国人にその権利を認めないことは適切でない[47]。生活保護以外の社会保障制度においては国籍要件がほぼ撤廃されており（国保法の「住所」要件について後述）、生活保護法に関しても、少なくとも定住外国人に対しては準用でなく日本人と同様に適用するための法整備を早急に行う必要がある。

4．国民健康保険法——「住所」要件と外国人

国民健康保険（国保）は、市町村・特別区が運営し、その区域内に住所を有する者を被保険者として強制的に保険に加入させ、疾病や負傷、出産、死亡の際に保険給付を行うものである。国民健康保険法（国保法）にはかつて国籍条項があり、その後撤廃されているが、従来、行政解釈として、適用対象になる外国人は在留期間が1年以上の者に限定され[48]、正規滞在者のうち1年未満の滞在予定の者や、非正規滞在者は加入できないことになっていた。

日本に非正規残留中に家庭をもうけた外国人が、子どもの脳腫瘍を機に**在留特別許可**申請を行い、次いで国保被保険者証交付申請を行ったと

46　田中宏「貧しきを憂えず、等しからざるを憂う——生活保護大分訴訟、高裁勝訴と上告審」『賃金と社会保障』1561号（2012年）4頁；河野前掲論文、83頁。
47　髙佐智美「永住者の在留資格を有する外国人の生活保護申請」『国際人権』22号（2011年）167頁。
48　1992（平成4）年3月31日厚生省保険発第14号。

ころこれを拒否されたことについて国家賠償を求めた事案で、最高裁は2004年、国保法にいう「住所を有する者」とは「市町村の区域内に継続的に生活の本拠を有する者をいうものと解するのが相当」であるとし、国籍条項が削除されたことに鑑みれば、国保法が「在留資格を有しないものを被保険者から一律に除外する趣旨を定めた規定であると解することはできない」と判示した[49]。生活の本拠としての住所の確定の問題は、在留資格の有無とは本来無関係であること、国保法が医療目的であること[50]からしても、本判決の立場は妥当といえる。しかし最高裁は、「社会保障制度を外国人に適用する場合には、その対象者を国内に適法な居住関係を有する者に限定することに合理的な理由がある……から、……法施行規則又は各市町村の条例において、在留資格を有しない外国人を適用除外者として規定することが許されることはいうまでもない」と付言した。この付言を受ける形で、同年6月8日の法施行規則改正により、①在留資格を有しない者又は在留期間1年未満を決定された者、②外国人登録をしていない者は適用除外とされることになった。しかし、国民健康保険の被保険者として給付を受ける権利は、いわば最低限の医療サービスを受け、生命を維持し健康に生きる権利という根本的な権利であるところ、このような根本的な権利を法律の明確な委任がないにもかかわらず規則で奪うことは、憲法31条、41条に違反すると同時に、意図的な後退的措置として社会権規約2条1項および2項、9条、12条

---

[49] 最大判2004年1月15日民集58巻1号226頁。しかし、在留資格を有しない外国人が「住所を有する者」に該当するというためには、単に市町村の区域内に居住しているという事実だけでは足りず、少なくとも①当該市町村を居住地とする外国人登録をし、②在留特別許可を求めており、③入国の経緯や入国時の在留資格の有無、在留期間、家族に関する事情、滞在期間、生活状況等に照らし、安定した生活を継続的に営み、これを維持し続ける蓋然性が高いことが必要であるとした。

[50] 小山千蔭「外国人の社会権」駒井洋監修、近藤敦編著『外国人の法的地位と人権擁護』(明石書店、2002年) 104頁。

に違反すると考えられる[51]。

　その後、**住民基本台帳法**が改正され（2012年7月9日施行）、外国人住民にも**住民登録**制度が適用されるようになったことに伴い、住民登録の対象となる外国人は国保の被保険者とされることとなった（国保法6条11号、同施行規則1条1号）。これにより、現在は、3か月を超える在留期間のある在留資格があれば、国保に加入することができるが、3か月未満の在留期間を決定された者や、非正規滞在の者は依然として加入できない。

　問題は、海外旅行傷害保険などでカバーされる観光客は別として、非正規滞在の状態で現実に日本に居住している人々が負傷したり病気になったりした場合の医療へのアクセスである。在留資格の有無にかかわらず適用されうる医療制度として、首相の2000年の答弁書[52]は、未熟児に対する養育医療の給付（母子保健法20条）、障害児に対する育成医療の給付（障害者総合支援法52条以下［旧児童福祉法20条］）、妊産婦の助産施設への入所措置（児童福祉法22条）、定期の予防接種（予防接種法5条）等を挙げている。しかし、当該外国人が働いて被用者保険に入っていればともかく、入っていなければ[53]、上記答弁書で挙げられているもの以外、非正規滞在の外国人に適用されうる医療制度はないことになる。結果的に、医療機関を受診せず市販薬に頼って病状を悪化させる人も少なくないが、そのような現状は、社会権規約上日本が管轄下のすべての個

51　高佐智美「外国人と社会保障――国保法の解釈運用をめぐる問題点」『獨協法学』69号（2006年）235頁。
52　内閣参質147第26号、2000年5月26日（http://www.sangiin.go.jp/japanese/joho1/kousei/syuisyo/147/toup/t147026.pdf）。
53　健康保険法上、健康保険への加入が義務づけられているのは一定の事業所（常時従業員を使用する国・地方公共団体又は法人の事業所、および、個人経営で常時5人以上の従業員を使用し、健康保険法で規定された事業のいずれかを行う事業所）に限られるため、その適用除外に該当する外国人労働者は少なくないとみられる。

人に対して健康についての権利を認め（12条）、また子どもと年少者に対してはその保護・援助のために特別な措置をとるべき義務を負っている（11条）ことに照らしても問題を含んでいる。非正規滞在の外国人であっても、これらの権利の観点から、また生命にかかわる負傷や疾病に関しては生命権の観点からも、必要に応じて医療サービスを受けられる仕組みを整備すべきであろう。

●参考文献

田中宏『在日外国人──法の壁、心の壁〔第3版〕』（岩波書店、2013年）
　〈戦争犠牲者援護立法の問題をはじめ、日本法における国籍差別の現状やその打破の取り組みについて、的確な指摘を行っている。〉
高藤昭『外国人と社会保障法──生存権の国際的保障法理の構築に向けて』（明石書店、2001年）
　〈日本における外国人への社会保障法の適用をめぐって、判例を中心に詳細に検討している。〉
申惠丰『国際人権法──国際基準のダイナミズムと国内法との協調』（信山社、2013年）
　〈国際人権法の包括的な概説書。社会権規約などの人権条約の規定について解説し、条約機関の解釈なども資料として豊富に掲載している。〉

第4章

文化的権利

佐藤潤一

1．文化的権利とはなにか

　文化的権利は、憲法解釈として、あるいは憲法以前の人権として、日本において主張されることはそれほど有力な考え方ではない。たしかに憲法25条は「健康で文化的な最低限度の生活を営む権利」を規定する。しかし同条にいう「文化的な……生活を営む権利」について、憲法学説は立ち入った考察を加えてきていない[1]。

　日本国憲法の普及が政府によって試みられていた時期においては、軍国主義を棄てて**文化国家**を建設する、といったフレーズがしばしば用いられていたが、ここでいう文化国家は、戦争をしない健全な国家、という趣旨のものであったと考えられる。

　教育基本法は、その前文で、「我々日本国民は、たゆまぬ努力によって築いてきた民主的で文化的な国家を更に発展させるとともに、世界の平和と人類の福祉の向上に貢献することを願う」旨定めており、2006年改正後もこの文言は維持された。改正時に追加された諸々の文言の解

---

[1] 江橋崇「先住民族の権利と日本国憲法」樋口陽一・野中俊彦編『憲法学の展望』（有斐閣、1991年）は、例外的な文献として推奨に値する。

釈次第では「文化」の意味が問題となり得るが、ここでいう「文化的な国家」は、上の「文化国家」と軌を一にするものであろう。

「文化的権利」が日本の法律用語として登場するのは、経済的、社会的及び文化的権利に関する国際規約の批准においてである。文化的権利、との用語は、実際にはひとまとまりのフレーズとして条文に現れているわけではない。まず、自由権規約において、**マイノリティの文化享有権**が保障されている（27条）。ついで、社会権規約においては、15条1項1号（a）で**「文化的な生活に参加する権利」**、同条2項で「科学及び文化の保存、発展及び普及に必要な措置」につき規定し、さらに同条4項で「この規約の締約国は、科学及び文化の分野における国際的な連絡及び協力を奨励し及び発展させることによって得られる利益を認める」旨規定する。

しかし、直接のフレーズとしては文化的権利という用語は存在しない。そのためか、日本では、憲法26条で国民に対してのみ文言上は保障されている**「教育を受ける権利」**と、自己の保護する子女に教育を受けさせる義務を、裁判上拡大するために社会権規約が用いられてきた。他方で、先住民族の伝統文化の享受については、憲法13条と、自由権規約27条の権利として問われる。

本章では、「文化的権利」に関する接近手法として憲法と国際人権法という2つの視点を設定し、具体的に裁判で主張されてきた法理論を中心に紹介検討する[2]。

（1）憲法からのアプローチ

憲法上は「文化的権利」が明確には位置づけられてきていない。本書

2　本章は、佐藤潤一「多文化共生社会における外国人の日本語教育を受ける権利の公的保障」『大阪産業大学論集　人文・社会科学編』1号（2007年）1-30頁の記述と内容的に重複する部分がある。

の総説において文化的権利として「教育を受ける権利」を取り上げているが、日本のマイノリティとしてのアイヌ民族の土地所有権にかかわる**二風谷ダム事件判決**[3]にみられるように、本来的に先住民族の権利をどのように憲法上保障するのかはすでに問われてきている。この点については（2）でも述べるように国際人権法からのアプローチが主要なものとなる。しかし、文化の享有、そして言語に関する諸権利は、教育を受ける権利の背後にあることが、むしろ意識されるべきである。

ところが、この2つの権利は、憲法上根拠づけることが困難なものである。憲法は、比較法的にみれば、かなり充実した人権条項を有しているものの、文化享有権や言語権については明文を欠く。具体的な個別人権規定の拡張解釈か、憲法13条の幸福追求権に読み込むことが提唱されてきた。ただし、実際の裁判では、必ずしも受け入れられてきてはいない。

（2）国際人権法からのアプローチ

（1）において、憲法上明文で位置づけられないことを指摘した、マイノリティの権利としての文化享有権、および言語権は、国際人権法を援用することで、明文根拠を示すことができる。このため、国際人権法のアプローチは「文化的権利」保障を考える上で欠かすことができない。

以下、裁判所でかなり具体的な論点が検討された教育を受ける権利について第2節で、裁判所の検討は不十分なものにとどまっているものの、国際人権法の水準からはその保障が強化されてしかるべき文化享有の権利と、これに密接にかかわる言語権について、第2節での検討を踏まえつつ、第3節で扱う。

3　札幌地判1997（平成9）年3月7日判時1598号33頁。

2．教育を受ける権利

(1) 義務教育は外国人にとって「義務」ではない？

　外国人は現在、義務教育を受けるための通知を一応受け取ってはいる。しかし、日本国民がかかる通知を履行しないと、実態調査が入り、就学が確認できるまでの関与がある。これに対して、外国人は、「民族教育を受ける権利があるから」との理由で、外国人保護者は自己の「子女」を就学させる義務はないものとされ、就学「通知」は送られず、就学「案内」のみが送られている[4]。けれども、憲法26条2項の規定は、国民に対して「法律の定めるところにより、その能力に応じて、ひとしく教育を受ける権利」を保障した憲法26条1項を受けたものであって、「子女」の「教育を受ける権利」のために保護者が負う義務であることは明らかである。条文の文言は「国民」であるが、条文の解釈論として、外国人の保護者にはかかる義務はないと断言するのは行き過ぎではなかろうか。

　もちろん、憲法制定当初は、そのような理解が有力ではあった。「たとえば、健康で文化的な最低限度の生活を営む権利や、教育を受ける権利や、勤労の権利は、基本的人権の性格を有するとされるが、それらを保障することは何より、各人の所属する国の責任である。……<u>外国人も、もちろん、それらの社会権を基本的人権として享有するが、それらを保障する責任は、もっぱら彼の所属する国家に属する</u>」（下線筆者、以下同）[5]。

---

[4] 文部科学省サイト「小・中学校への就学について」（http://www.mext.go.jp/a_menu/shotou/shugaku/）参照。なお、2014年現在、文部科学省は、サイトで「外国人児童のための就学ガイドブック」を公開しており（http://www.mext.go.jp/a_menu/shotou/clarinet/003/1320860.htm）、英語、韓国・朝鮮語、ヴェトナム語、フィリピノ語、中国語、ポルトガル語、スペイン語で案内がなされており、状況は改善されてはいる。

[5] 宮沢俊義『憲法II——基本的人権〔新版〕』（有斐閣、1974年）241頁。

注目されるべきは、引用部分の下線部である。権利はあるが、その保障責任が日本政府にはないと理解できる言及である。

他方で、「これらの権利は、もっぱら権利者の属する国家によって保障されるべき性質の権利であるが、それが『人間性』に由来する前国家的・前憲法的な性格を有するものである点において、どこまでも人権たる性格をもつ」[6]とも述べており、社会権保障を拡大する論理をその理論のうちに含ませているものと解される。この著書は広く読まれたものであるが、1974年に出版されたものであって、国際人権規約を日本が批准する前の段階での主張であることは留意されるべきである。

この点、社会権規約が批准された結果、その論理の前提は失われているはずなのである。特に本節の検討内容からして注目されるべきは社会権規約13条である。

社会権規約13条の一般的意見[7]によれば、「規約の中で最も長い規定である第13条は、国際人権法において、教育に対する権利に関する最も広範かつ包括的な条文である」[8]。13条1項は「教育は人格の『尊厳についての意識』を志向し、『すべての者に対し、自由な社会に効果的に参加すること』を可能にし、かつ、諸国民の間及び人種的又は宗教的集団のみならずすべての『民族的』[9]集団の間の理解を促進しなければならない。……最も基本的なのは『教育は人格の完成を志向』するということであ」[10]る。13条2項は教育を受ける権利につき規定する。「この条項の厳密かつ適切な適用は、特定の締約国に存在している条件による

---

6 同上、242頁。
7 参照、申惠丰「『経済的、社会的及び文化的権利に関する委員会』の一般的意見（４）」『青山法学論集』43巻4号（2002年）。
8 *The right to education*（Art.13）:.*08/12/99.E/C.12/1999/10. para.2.*
9 申前掲論文訳に従った。原語は ethnic であり、公定訳は「種族的」とされているが不適切であると解されるからである。
10 *The right to education*（Art.13）:.*08/12/99.E/C.12/1999/10. para.4.*

であろうが、教育はすべての形態及び段階において、以下の相互に関連するきわめて重要な特徴を示すもの」[11]である必要がある。

　すなわち、第一に「機能的な教育施設及びプログラムが、締約国の管轄内において十分な量だけ利用できなければならない」(**利用可能性**)[12]。第二に「教育施設及びプログラムは、締約国の管轄内において、差別なくすべての者にアクセス可能でなければならない」(**アクセス可能性**)[13]。**アクセス可能性**は、無差別、物理的なアクセス可能性、経済的なアクセス可能性という、相互に重なりあう3つの側面をもつ。特に重要なのは、この「無差別」との関係で「子どもの権利に関する条約第2条及び、教育における差別の禁止に関するユネスコ条約第3条（ e ）に留意し、無差別の原則は、国民でない者を含めて、締約国の領域内に居住する学齢期のすべての者に、その法的地位にかかわりなく及ぶことを確認する」[14]ことが指摘されていることである。第三に、「カリキュラム及び教育方法を含む教育の形式及び内容は、生徒にとって、また適切な場合には両親にとって、受け入れられる……ものでなければならない」(**受容可能性**)[15]。第四に、「教育は、変化する社会及び地域のニーズに適合し、かつ多様な社会的・文化的環境にある生徒のニーズに対応できるよう、柔軟なものでなければならない」(**適合可能性**)[16]。

　13条2項（ a ）の「**初等教育に対する権利**」については、「初等教育は、『義務的』であり『すべての者に対して無償』であるという2つの顕著な特徴をもつ」[17]。ここでいう「義務的」とはなにか。憲法26条2項の

11　*Ibid.*, para.6.
12　*Ibid.*
13　*Ibid.*
14　*The right to education*（*Art.13*）*:.08/12/99.E/C.12/1999/10.* para.34.
15　*Ibid.*, para.6.
16　*Ibid.*
17　*Ibid.*, para.10.

義務教育条項の解釈に当たっても参照されるべきものと解されるが、一般的意見は次のように述べる。「義務の要素は、父母も、保護者も、国家も、子どもが初等教育を受けるべきであるか否かについての決定を選択的なものとして扱う資格はないという事実を強調する役割をもつ。同様に、規約の第2条及び第3条でも要求されている、教育を受けることにおける性差別の禁止は、この義務という要件によって強調されている。しかし、提供される教育は、質の点で十分であり、子どもにとって適切であり、かつ、子どもの他の権利の実現を促進するものでなければならない」[18]。そして「無償」とは「子ども、父母又は保護者に支払いを要求せずに初等教育が受けられることを確保するよう明示的に述べられている。政府、地方当局又は学校により課される料金、又はその他の直接的な費用は、この権利の享受を阻害するものとなり、権利の実現を害することがありうる。こうした費用はまた、非常に後退的な効果をもつことも多い。こうした費用をなくすことは、要求されている行動計画によって取り上げられるべき事柄である。（実際はそうでなくとも、自発的なものとされることがある）父母への義務的な徴集金、又は、比較的に高価な学校の制服を着用する義務のような間接的な費用も、同じ種類のものに入りうる。その他の間接的な費用は、ケースバイケースで委員会の審査を受けることを条件として、許容されることもありうる。この初等義務教育の規定は、父母及び保護者が『公の機関によって設置される学校以外の学校を子どものために選択する』権利と何ら抵触するものではない」[19]。

　13条2項（b）は**中等教育**に対する権利を規定する。同条項にいう「『一般的に利用可能』という表現は、第一に、中等教育は生徒の表面的

18　参照、申惠丰「『経済的、社会的及び文化的権利に関する委員会』の一般的意見（3）」『青山法学論集』42巻2号（2000年）。

19　*Plans of action for primary education*（*Art.14*）:.10/05/99.E/C.12/1999/4. para.7.

な理解力又は能力によるものではないこと、第二に、中等教育はすべての者にとって平等に利用可能になるような方法で全国で提供されることを意味する」[20]。13条2項(b)は「『種々の形態の』中等教育に適用されるとされており、中等教育は異なった社会的及び文化的環境における生徒のニーズに対応するために柔軟なカリキュラム及び多様な提供システムを必要とすることが認められている。委員会は、普通の中等教育制度に並行した『代替的な』教育プログラムを奨励する」[21]。高等教育に対する権利を規定する第13条第2項(c)には、「『種々の形態』の教育についての言及も**TVE**〔技術および職業教育：technical and vocational education―引用者註〕についての具体的な言及も含まれていない。……この2つの欠落は、第13条第2項(b)と(c)の重点の置き方の違いを反映したものにすぎない。高等教育が異なった社会的及び文化的環境における生徒のニーズに対応すべきものとすれば、それは柔軟なカリキュラムと、遠隔学習のような多様な提供システムをもたなければならない。従って、実際には中等教育も高等教育も『種々の形態』で利用可能でなければならない」。「第13条第2項(c)に技術及び職業教育への言及がないことについていえば、規約第6条第2項及び世界人権宣言第26条第1項をふまえれば、TVEは高等教育を含むすべての段階の教育の不可欠な要素をなす」[22]。

「一般的にいえば、**基礎教育**（fundamental education）はすべての者のための教育に関する世界宣言に掲げられた**基礎教育**（basic education）に対応するものである。第13条第2項(d)により、『初等教育を受けなかった者又はその全課程を修了しなかった者』は、基礎教育、又はすべての者のための教育に関する世界宣言で定義されている基礎教育への権

20　*The right to education*（Art.13）:.08/12/99.E/C.12/1999/10. para.13.
21　*Ibid.*, para.12.
22　*Ibid.*, para.18.

利を有する」(太字筆者、以下同)[23]。「世界宣言により理解されるようにすべての者は『基本的な学習ニーズ』を満たす権利を有しているので、基礎教育に対する権利は『初等教育を受けなかった者又はその全課程を修了しなかった者』に限られ」[24]ない。「基礎教育に対する権利は、その『基本的な学習ニーズ』をまだ満たしていないすべての者に及ぶ」[25]。また、「基礎教育の権利の享受は年齢又は性別によって制限されないことを強調しておかなければならない。それは、子ども、青少年、及び高齢者を含む成人に及ぶ」[26]。

　以上を要するに、社会権規約13条は、人がその国で生活していくために必要な教育制度を整備せよ、という意味合いをもつものと解される。ここには、成人した外国人の日本在住者をも含む、公的な言語保障の根拠をも求めることができると解される。

　このような視点から注目されるのは、いわゆる**退学事件**と**高槻マイノリティ教育権訴訟**である。

　退学事件では[27]、憲法26条2項の義務教育は、外国籍の親にも課されている義務であるか、が問われた。不登校等の問題をかかえていた原告の子からの中学校への退学届を受理したことが問題となった事件である。

　被告高槻市側は、復学の可能性があり、実際に復学していることを根拠に訴えの利益そのものがないと主張している。しかし注目されるのは、憲法上の義務についての地裁における判示であった。**マクリーン事件**最高裁判決の性質説は「外国人の権利についてのみ及ぶものではなく、その義務についても及ぶものと解するのが相当である(例えば、憲法30条は、

23　*Ibid.,* para.22.
24　*Ibid.,* para.23.
25　*Ibid.*
26　*The right to education*（Art.13）:.08/12/99.E/C.12/1999/10. para.24.
27　大阪地裁判2008(平成20)年9月26日判タ1295号198頁。

「国民」が納税の義務を負う旨を定めるが、文言に従ってわが国に在留する外国人に対して納税の義務が全く及ばないと解することができないことは明らかである)」[28]。このように述べた上、憲法26条2項の「責務は、外国人であるからといって免れるものではない」[29]とする。しかし「憲法26条2項前段は、……親が子に対して負担するいわば自然法的な責務（親が子に対して負う責務）を具体化して、法律の定めるところにより、その保護する子女に普通教育を受けさせる義務（親が子に対して負う義務）を規定している。そして、……憲法の規定に従って法律によって**普通教育の内容**を定めるに当たっては、<u>言語（国語）の問題や歴史の問題を考えれば明らかなように、わが国の**民族固有の教育内容**を排除することができないのであるから、かかる学校教育の特色、国籍や民族の違いを無視して、わが国に在留する外国籍の子ども（の保護者）に対して、一律にわが国の民族固有の教育内容を含む教育を受けさせる義務を課して、わが国の教育を押しつけることができないことは明らかである（このような義務を外国人に対して課せば、当該外国人がその属する民族固有の教育内容を含む教育を受ける権利を侵害することになりかねない）</u>」[30]。下線部が本判決の要点といってよいであろうが、この理由のみで「したがって、憲法26条2項前段によって保護者に課せられた子女を就学させるべき義務は、その性質上、日本国民にのみ課せられたものというべきであって、外国籍の子どもの保護者に対して課せられた義務ということはできない」[31]との結論を導いている。

　しかしながら、このような論理はまったく説得的ではない。第一に、私立の小中学校に日本国民が自分の子を通わせることは、義務教育の通

28　同上、211-212頁。
29　同上、212頁。
30　同上。
31　同上。

第 *4* 章　文化的権利

知をすることによって侵害されない。第二に、「わが民族固有の教育内容」なるものが、日本に在留する外国籍の子ども自身が受けたいと願う「民族固有の教育内容」を侵害するような内容であるとすれば、それはその教育内容に問題がある。憲法は前文において「諸国民との協和による成果……を確保」することを宣言し、98 条 2 項で「日本国が締結した条約及び確立された国際法規は、これを誠実に遵守する」旨規定しているのであって、「外国人の子どもが義務教育諸学校への入学の機会を逸することのないよう、外国語による就学ガイドブックについて、地域の実情に応じた自治体独自のものを作成・配布し、外国語による就学案内、就学援助制度等の教育関連情報の的確な提供を行うこと」、ならびに「中学校新入学相当年齢の外国人の子どもについても、公立中学校への就学案内を発給するなど、**義務教育を受ける機会**を適切に保障するための方策を講ずること」を通知している[32]。加えて「1．就学案内等の徹底」の項目において「外国人の子どもが義務教育諸学校への入学の機会を逸することのないよう、その保護者に対し、従来の外国人登録原票等に代わり、住民基本台帳の情報に基づいて、公立義務教育諸学校への入学手続等を記載した就学案内を通知すること」。「また、市町村又は都道府県が発行している広報誌、市町村又は都道府県のホームページ等を利用し、外国人の子どもの就学について広報することにより、就学機会が適切に確保されるように努めること」。「なお、学校教育法施行令（昭和 28 年政令第 340 号）第 1 条第 2 項に規定する学齢簿の編製については、学齢児童生徒等が対象であり、日本国籍を有しない外国人の子どもについては、引き続き学齢簿を編製する必要がないものの、**子どもの就学機会**の確保の点から、外国人の子どもについても、住民基本台帳等の情報に基づいて学齢簿に準じるものを作成するなど、適正な情報管理に努め

---

[32]　平成 18 年 6 月 22 日付け 18 文科初第 368 号文部科学省初等中等教育局長通知（http://www.mext.go.jp/a_menu/shotou/clarinet/004/002/001.pdf）。

ること」を通知している点[33]に照らしても相当に問題のある判示といえる。

　事実関係に照らして、義務教育においては転学先を確保せずに「退学」を受け付けてはならないという原則を否定していないのに、国際人権法およびその適用に関する憲法解釈についての原告の主張を否定する必要はなかったであろう。結論的には校長による義務教育課程における退学届受付について否定的に解しているのであるから、なおさらである。

（2）民族教育・文化教育

　高槻マイノリティ教育権訴訟[34]は、高槻市によって市立小中学校で実施されていた多文化共生・国際理解教育事業を市が廃止・縮小したことに関連して提起された事件である。

　この事業は在日外国人向けの事業であって、この事業の廃止・縮小が**マイノリティの教育権**を侵害したと主張された。争点となったのは、次の諸点である[35]。①在日韓国・朝鮮人がマイノリティにあたるか、あたるとして自由権規約27条は締約国に対して積極的な保護措置を講ずべき義務を認めているか。②社会権規約13条に基づき、高槻市が、多文化共生・国際理解教育事業を行う義務を負っているか。③児童の権利条約30条にいう、少数民族の児童が「その集団の他の構成員とともに自己の文化を享有し、自己の宗教を信仰しかつ実践し又は自己の言語を使用する権利を否定されない」との規定が国家に積極的な作為を請求する権利を含むか。④人種差別撤廃条約2条2項によって、マイノリティに

33　平成24年7月5日付け24文科初第388号文科省初等中等教育局長通知（http://www.mext.go.jp/a_menu/shotou/clarinet/004/1323374.htm）。
34　大阪高判2008（平成20）年11月27日判時2044号86頁。
35　本事件は、事業に関与した職員による不適切な会計処理問題がかかわっており、その事実認定についてもかなり疑問があるものではあるが、ここでは立ち入らないことにする。

対する差別是正措置をとる法的義務が締約国に課されているか。⑤憲法26条はマイノリティとしての教育を受ける権利を保障しているか。⑥人権教育及び人権啓発の推進に関する法律5条[36]に反しないか。原告・控訴人はこれらの主張を行ったが、大阪高裁は「控訴人らがマイノリティの教育権の根拠として主張するところは採用できず、ほかに我が国において法的拘束力がある条約及び法律でマイノリティの教育権という具体的権利として保障したものはない」とした上で、「このようにマイノリティの教育権に具体的権利性が認められない以上、本件事業の廃止・縮小による権利侵害を観念できず、本件事業の廃止・縮小の違法をいう控訴人らの主張には理由がない」と判示した[37]。

　本判決の問題点として、文言の形式的解釈が行われていること、人権に関する規定の抽象性を「具体的でない」の一言で否定してしまっていること、そして国際人権規約の一般的意見について「法的拘束力がないから裁判所は拘束されない」という論理で否定していて、当該条約の解釈として説得性があるか否かの検討に立ち入っていないことが挙げられる。他方で①については判決をよく読めば外国人住民がマイノリティに当たるかどうかについて肯定もしていないが否定もしていないことには注意が必要である。自由権規約27条についての一般的意見が永住している外国人住民がマイノリティに当たることを肯定し、また規定の文言にかかわらずそれを積極的な権利であると理解していること、そのことに対する説得的な反論は政府の主張にも判例にも見出し難いことは、政策転換の可能性を秘めているともいえよう[38]。

36　人権教育及び人権啓発の推進に関する法律5条は「地方公共団体は、基本理念にのっとり、国との連携を図りつつ、その地域の実情を踏まえ、人権教育及び人権啓発に関する施策を策定し、及び実施する責務を負う」と規定している。
37　判例時報2044号96頁。

3．多文化教育という視点

エイミー・ガットマンは、**多文化主義**（multiculturalism）への**民主教育**（democratic education）の対応として、以下の点に留意すべきことを主張する。第一に「被抑圧者集団の経験を公的に承認すること」、第二は「国民の相互尊敬への取り組みによって同じように促進される。この対応は、**寛容**すなわち基本的自由の問題である信条と行動に関する不一致に同意を与えることである。寛容とは、宗教的その他の精神的信条にもかかわらず、何らかの単一の信条や行動の実際的な体系を押し付けないことである」[39]。

外国人の人権へのアプローチを体系的に検討している本書の取り組みは、さらに進んで外国にルーツをもつ住民をも意識した取り組みをも含むものと解される。本章における検討からすれば、**文化的権利**は多文化共生の視点から保障されなければならないのである。

ただし注意が必要であるのは、たとえば「言語に関する多文化政策は、その社会のエスニック各集団の人々にその独自の言語に習熟する機会を保障するとともに、社会の支配的言語（書き言葉を含めて）に習熟する機会をも保障するものでなければならない」[40]との指摘にもみられるよう

---

38 マイノリティの権利についてここではこれ以上立ち入らない。金東勲「国際人権法とマイノリティの権利」国際法学会編『人権』〈日本と国際法の100年第4巻〉（三省堂、2001年）101頁、同『国際人権法とマイノリティの地位』〈現代国際法叢書〉（東信堂、2003年）を参照。なお、マイノリティの定義そのものへの懐疑を含む窪誠『マイノリティの国際法――レスプブリカの身体からマイノリティへ』（信山社、2006年）は、この問題を考える上で重要な視点を提供する。
39 エイミー・ガットマン『民主教育論――民主主義社会における教育と政治』神山正弘訳（同時代社、2004年）334-335頁によれば、多文化主義は「文化に同一化した（あるいは依存した）諸個人の交流によって、相互に影響しあう多くの文化（下位文化）を包含する社会と世界の状態を指す。ある文化あるいは下位文化は、乱暴に言えば、思考、会話、行動の類型から構成され、二または三の家族よりも大きい人間共同体と結びつく」。

に、多文化を志向しても、実際には参入側にとっては国民への「統合」の強制になりかねず、さらには言葉だけ多文化あるいは多文化共生という言葉が用いられても、同化や周縁化に至る可能性も否定できないのである[40]。

　この点で注目されるのは、すでに第2節で検討した2つの判決（高槻マイノリティ教育権訴訟と退学事件）がいずれも前提としている、日本のマイノリティとしてのアイヌ民族の土地所有権にかかわる**二風谷ダム事件判決**[42]である。本判決で一定程度承認された先住民族の権利は、マイノリティとしての外国人にも及ぶのか。そのルーツを日本以外の国や地域にもつ、日本語を母語としない人に対しても及ぶものかについても慎重に検討されなければならない。

　二風谷ダム事件判決において、国際人権法および憲法解釈との関係で注目されるのはなによりも次の判示であった。すなわち自由権規約（B規約）「27条や憲法13条によって保障されている少数民族であるアイヌ民族の文化享有権であり、その制限は必要最小限度においてのみ許される。また、B規約27条にいう『少数民族』が先住民族である場合には、単に『少数民族』に止まる場合と比較して、民族固有の文化享有権の保障についてはより一層の配慮が要求されると考えるところ、アイヌ民族は、我が国の統治が及ぶ前から主として北海道に居住し、独自の文化を形成しており、これが我が国の統治に取り込まれた後もその多数構成員

40　初瀬龍平「日本の国際化と多文化主義」初瀬龍平編著『エスニシティと多文化主義』（同文舘出版、1996年）223頁。

41　この点、小泉良幸「人権と共同体」『ジュリスト』1224号（2003年）44頁は、「共同体的価値に訴えるこの国〔日本をさす―引用者註〕の保守主義の議論は、相当独自なものである」ことを指摘する。「共和主義者なら、憲法に『義務』を掲げることよりも、投票価値の不平等是正や政治資金規正こそが喫緊の課題だというだろう。リベラリズムの立場からは、『平等な尊重と配慮』への抽象的権利の相互的承認が政治社会の統合の条件であった」からである。

42　札幌地判1997（平成9）年3月27日判時1598号33頁。

の採った政策等により、経済的、社会的に大きな打撃を受けつつも、なお民族としての独自性を保っているということができるから、先住民族に該当する」。このような認定に立って、ダム建築の違法性を認定したが、結局ダム建築そのものの公共性との比較考量の結果、事情判決によってダム建設を認めてしまったことについては批判されている。

しかし、この判決文で先住民族以外の「少数民族」＝マイノリティの存在が示唆されていることは極めて重要であり、この論理が徹底することで、本章が検討してきたマイノリティとしての外国人の文化享有権、教育を受ける権利が幅広く保障されることにつながるであろう。

もっとも、マイノリティの文化享有権という論理は、それが「個人一般に保障される権利であるとする場合、それは、文化が象徴する民族という集団への帰属の考慮を否定する効果を持つ」[43]との指摘は重要である。

最後にマイノリティの権利保障という観点からはあまり重視されてこなかったが、本章で紹介検討した**退学事件**にもみられる、日本の**公的教育を受ける権利**を外国人児童に保障するという観点からは、**外国人の日本語教育を受ける権利**がもっと重視されなければならない。この権利を保障することは、日本語を学ぶことだけを外国人に押しつけるのではなく、逆に日本国民の側が外国人の言語や文化を学び、日本に居住するもののすべてが相互に尊重し合う社会を作り上げていくことに連なるのである[44]。

43　馬場里美「マイノリティの保護──自由権規約 27 条の国内適用をめぐって」『法律時報』84 巻 5 号（2012 年）60 頁。
44　佐藤前掲論文、および日本語教育政策マスタープラン研究会『日本語教育でつくる社会──私たちの見取り図』（ココ出版、2010 年）などを参照。

まとめ

本章冒頭で問題提起したように、文化的権利は、すくなくとも日本においては必ずしも認知された人権ではない。しかし、国際人権法の視点からは、特に教育を受ける権利が問題となってきたことは本章での検討から看取されるであろう。

憲法 13 条、社会権規約 15 条ならびに自由権規約 27 条によって保障されるものと考えられる文化享有権については、個人の人権保障という観点からは課題も残るが、判例による深化のみならず、立法による具体化が待たれるところである。

◉参考文献

ミシェリン・R・イシェイ『人権の歴史──古代からグローバリゼーションの時代まで』横田洋三監訳（明石書店、2008 年）
　〈文化的権利の歴史的背景について正面から扱う文献はないが、本書は他の人権とのかかわりも含め詳述されているため、用語法を含めた歴史をつかむのによい。〉
宮島喬『外国人の子どもの教育──就学の現状と教育を受ける権利』（東京大学出版会、2014 年）
　〈社会学の視点から、本章で十分に立ち入ることができなかった、日本における「多文化共生」の問題点を考察する上で参考になる本。〉
金東勲『国際人権法とマイノリティの地位』（東信堂、2003 年）
　〈「マイノリティ」としての「外国人」にかかわる国際人権法上の基本的論点はほぼ網羅されている、基本書といえる。〉

第5章

政治的権利

菅原　真

はじめに

　憲法学の概説書では、通常、「政治的権利」の内容として、狭義の参政権である選挙権、被選挙権に加え、広義の参政権としての**公務就任権**を挙げる[1]。本章もこの３つの権利を主な対象として扱う。これらの権利は、「基本的人権」とは区別された「（古典的意味での）市民権」として、従来、権利の性質上、「外国人に保障されない人権の代表的なもの」であり[2]、**国民主権**」原理の論理的帰結として、外国人の参政権は憲法上禁じられると解されてきた[3]。しかし、1980年代末以降、我が国でも主権論、地方自治論、国籍・市民権論などの諸領域において新たな理論の模索・展開がなされ、従来の通説は見直された。

（1）諸外国の変化

　その背景として、第一に、諸外国の変化が挙げられる。「グローバル化とそれに伴う国民国家の変容」[4]が語られるなかで、現在、なんらかの形で外国人選挙権を承認している国は66カ国にのぼる[5]。欧州諸国においては、第一次オイルショックを経て新たな外国人労働力の受入れを停止する一方で、すでに国内に定住している移民の社会統合が課題と

なっていた。まず1970年代後半に、北欧諸国において次々と外国人の地方参政権を承認する立法化がなされた[6]。その後、1993年に発効したマーストリヒト条約は、欧州連合構成国の国民を「EU市民」（マーストリヒト条約8B条、リスボン条約9条、EU運営条約20条）とし、欧州議会選挙の選挙権・被選挙権のみならず、居住する構成国の**地方選挙権・被選挙権**を当該構成国の国民と同じ条件で付与する「EU市民権」（EU運営

---

1 憲法学において、「政治的権利」（＝参政権）とは、「公権力の行使のあり方を決定し、それを行使する過程に参加する国民の権利を総称したもの」と定義され、①「主として政治過程に参加することを目的として、公的に制度化される権利行使」（国会議員、地方公共団体の議員・地方の長をはじめとする公職選挙における選挙権・被選挙権、最高裁判所裁判官の国民審査権［以上は、憲法15条1項が一般的に保障する『公務員の選定罷免権』を具体化したものと解することができる］、その他の公務就任権、憲法改正の国民投票権、地方自治特別法の制定における住民投票権など）のほか、②「政治過程への参加に限定しないで保障されるが、政治過程に参加する場合に重要な機能をもつ権利行使」（平等原則、表現の自由・結社の自由をはじめとする精神的自由権、選挙活動・投票を行うための身体的自由権、裁判を受ける権利など）の2つからなるとされている（永山茂樹「参政権」杉原泰雄編『新版体系憲法事典』［青林書院、2008年］601頁）。

　本書第1章で扱われた「マクリーン事件」（最大判1978［昭和53］年10月4日民集32巻7号1223頁）では、最広義の政治的権利（上記②）に含まれる「政治的表現の自由」が問われたが、今日、これに制限を加えることは妥当ではないと考えられる。「精神的自由のうち、国家や国民の安全を害するような政治的表現の自由等は国民も一定の制約を受けざるをえないとするならば、この点で外国人と区別する根拠はあまりない」からである（辻村みよ子『憲法〔第4版〕』［日本評論社、2012年］129頁）。なお、本章では、紙幅の関係上、「選挙権・被選挙権」「公務就任権」を主たる検討対象とする。

2 芦部信喜（高橋和之補訂）『憲法〔第5版〕』（岩波書店、2011年）92-93頁。
3 宮澤俊義『憲法Ⅱ〔新版〕』（有斐閣、1971年）241頁。
4 河原祐馬「国民国家の『変容』と外国人参政権問題」河原祐馬・植村和秀編『外国人参政権問題の国際比較』（昭和堂、2006年）1頁。
5 Jacques Robert, "Les Électeurs Étrangers", Karen B. Brown, David V. Snyder (Ed.), *General Reports of the XIIIth Congress of the International Academy of Comparative Law,* Springer, 2012, p.544.
6 石渡利康『北欧共同体の研究――北欧統合の機能的法構造』（高文堂出版社、1986年）140頁。

条約22条)を明記した。近藤敦の分析によれば、1970年代以降の欧州諸国における外国人の地方参政権は、①国籍を参政権の要件にする国(国籍要件型)、②一定の国との互恵条約に基づく相互主義の国(互恵要件型)、③一定の期間の定住を要件としてすべての外国人に門戸を開く国(定住要件型)の3つに大別することができるが、現在、EU構成国においては、①型から②型、③型、あるいは②+③型へと移行している[7]。さらに1997年には欧州評議会閣僚委員会によって欧州国籍条約が採択された。重国籍者の権利義務に関する同条約17条1項は、重国籍者がその居住国において単一国籍者と平等の扱いを受けることを定め、その中には選挙権も含まれる[8][9]。

2005年には、韓国が、アジアで初めて、永住資格を有する外国人の**地方選挙権**を公職選挙法改正によって承認し[10]、現在、OECD加盟国(30カ国)およびロシアの中で、外国人の参政権をまったく認めていない国は、日本だけとなっている[11]。

---

7 近藤敦「解説と展望」ヤン・ラト『ヨーロッパにおける外国人の地方参政権』近藤敦訳(明石書店、1997年)91頁。ただし、EU構成各国においても、非EU市民の地方参政権については対応が異なる。
8 奥田安弘・飯田晶子「1997年のヨーロッパ国籍条約」『北大法学論集』50巻5号(2000年)115頁。
9 なお、国政参政権については、「市民(=国民[Citizen])」のみならず英連邦諸国の市民=「イギリス臣民(British Subjects)」にも国政参政権を認めていた伝統を有するニュージーランドにおいて、1975年選挙法が「市民権」の有無にかかわらず「永住者(permanent resident)」にも国政選挙権を承認した。ニュージーランドの現行1993年選挙法(Electoral Act)第74条は、国政選挙権の享有主体である「市民」、「永住者」につき、1年以上継続して国内に居住し、かつ当該選挙区に1か月以上継続して居住することを要件としている。もっとも、国政被選挙権は「永住者」には保障されず、英連邦諸国民に限定している。後藤光男・山本英嗣「ニュージーランドの外国人参政権」『比較法学』46巻1号(2012年)59頁以下を参照。
10 佐藤信行「韓国で『外国人地方参政権』実現」田中宏・金敬得編『日・韓「共生社会」の展望——韓国で実現した外国人地方参政権』(新幹社、2006年)7頁。

（2）日本国内における動向

　第二に、日本国内の動向として、1980年代以降「定住外国人の参政権問題が社会問題化した」ことである[12]。理論的には、従来の国籍の有無に基づく国民／外国人の二分論を廃し、その生活実態に基づき、外国人を定住外国人／一般外国人／難民に分けて権利付与すべしとする**「外国人類型化」**論が提唱され、学説の支持を集めた。ただし、この「定住外国人」概念それ自体は法的には曖昧なものであるため、永住資格を有する「永住市民」とする説が有力である。「永住市民」説には、①現行法を前提にして（ａ）入管法別表２の一般永住者（法務大臣が永住を認める者）、（ｂ）1991年入管特例法上の**特別永住者**[13]を構成員とする説[14]、②現行の永住許可要件は厳しすぎるため、３年ないし５年を永住許可要件とする制度改革を行った上で「永住市民」とする説[15]とがある。

　ここで（ｂ）**特別永住者**とは、入管法上の資格であり「特権」ではない。彼らは日本の植民地支配によって「帝国臣民」とされた人々とその子孫である。戦前の「内地人」[16]男性は選挙権・被選挙権を有し、国会

11　永住外国人法的地位向上推進議員連盟「永住外国人への地方選挙権付与に関する提言」（2008年５月20日）４頁記載の表２「OECD加盟国（30カ国）およびロシアの外国人参政権と二重国籍の状況」（国立国会図書館調べ）を参照（http://www.katsuya.net/image/teigen080520.pdf）。

12　辻村前掲書［注１］131-132頁。

13　2014年11月11日付「参議院議員有田芳生君提出『特別永住者』に関する質問に対する答弁書」によると、法務省の在留外国人統計（2014年６月末現在）では、「特別永住者」には韓国・朝鮮籍36万４人を筆頭に、実に50カ国もの国籍保持者および無国籍者が含まれ、総計36万3813人がこの資格を有する。

14　「永住者」という法上の概念に、選挙権者に該当する具体的な「市民」の概念を介在させて「永住市民」とする辻村みよ子『市民主権の可能性──21世紀の憲法・デモクラシー・ジェンダー』（有信堂、2002年）240頁。

15　比較法的観点から「永住市民権（denizenship）」説を主唱する近藤敦『「外国人」の参政権──デニズンシップの比較研究』（明石書店、1996年）116頁、同『外国人の人権と市民権』（明石書店、2001年）121頁。

16　内地人と外地人の定義及びその国籍につき、清宮四郎『外地法序説』（有斐閣、1944年）37頁。

議員になった者もいた[17]。しかし、敗戦後の 1945 年 12 月改正の衆議院議員選挙法の附則に「戸籍法ノ適用ヲ受ケザル者ノ選挙権及被選挙権ヲ当分ノ内停止シ選挙人名簿ニ登録スルコトヲ得ザルモノトスルコト」と定められ[18]、その後 1947 年 5 月 2 日に発せられた最後の勅令（外国人登録令）によって「当分の間、これを外国人とみなす」（11 条）とされ、さらに 1952 年 4 月の法務府民事局長通達「平和条約に伴う朝鮮人台湾人等に関する国籍及び戸籍事務の処理について」（民事甲 438 号）によって一方的に日本国籍を剥奪されるに至った[19]。旧植民地出身者のうち、韓国籍保持者が永住資格を取得したのは 1965 年の日韓法的地位協定以降のことであり、「朝鮮」籍の永住資格付与は 1982 年まで待たなければならなかった。1970 年代に旧植民地出身者とその子孫の定住化が動かぬ事実となると、在日コリアン[20]らは地方公務員採用に関する国籍条項の撤廃運動を展開し、1980 年代に地方参政権の要求運動を展開した[21]。

　外国人の地方公務員の就任については、1996 年に「共生のまちづくり」を市政の柱の 1 つとする川崎市が、管理職への昇進に制限をつけた上で全職種における国籍要件を撤廃した。翌年には大阪市でも同様に国

17　松田利彦『戦前期の在日朝鮮人と参政権』（明石書店、1995 年）。
18　水野直樹「在日朝鮮人台湾人参政権「停止」条項の成立──在日朝鮮人参政権問題の歴史的検討（1）（2）」『財団法人・世界人権問題研究センター研究紀要』1 号（1996 年）・2 号（1997 年）。
19　大沼保昭『在日韓国・朝鮮人の国籍と人権』（東信堂、2004 年）33 頁。
20　在日コリアンには 2 つの大きな団体が存在するが、永住者の地方参政権に対する態度は異なる。在日本大韓民国居留民団（民団）は、1994 年 4 月にその名称から「居留」の文字を削除し、正式名称を在日本大韓民国民団に変え、永住者の地方参政権の立法化を求める請願活動の中心的役割をになっている。これに対して、在日本朝鮮人総連合会（総連）は、植民地時代の参政権付与が皇民化政策の一環として行われたこと、在日朝鮮人は朝鮮民主主義人民共和国の「在外公民」であるということを主な理由に、永住外国人の参政権付与に反対している。参照、星野安三郎『在日外国人の基本的人権と参政権』（朝鮮新報社出版局、1997 年）27 頁。
21　田中宏「日本における外国人参政権──その歴史と現在」田中宏・金敬得編前掲書［注10］。

籍要件が撤廃され、他自治体にも波及していった。現在多くの自治体において国籍要件は撤廃されている。

1．外国人の選挙権・被選挙権

（1）現行の法制度

　日本国憲法前文および第1条は「**国民主権**」原理を明記し、第10条で「日本国民」たる要件の具体化を国籍法に委ね、出生、準正による国籍取得（同法2条、3条）および帰化制度（同法4条〜10条）を定めている。憲法第15条1項は公務員の選定罷免権が「国民固有の権利」であると定め、国政選挙について「両議院の議員及びその選挙人の資格は、法律でこれを定める」（憲法44条）とし、公職選挙法にこれを委ねている。同法は、衆議院議員および参議院議員の選挙権・被選挙権の資格につき、「日本国民」であることを要求している（同法9条2項、10条1号・2号）。

　これに対して、地方選挙については、憲法は地方自治制度の保障が「地方自治の本旨」（92条）に基づくものであるとし、その長、議会の議員等はその「地方公共団体の住民」が直接選挙する（93条2項）。地方自治法は「市町村の区域内に住所を有する者は、当該市町村及びこれを包括する都道府県の住民とする」（同法10条1項）とした上で「住民はその属する普通地方公共団体の役務の提供をひとしく受ける権利を有し、その負担を分担する義務を負う」と規定する（同条2項）。2009年改正入管法、改正住民基本台帳法の「住民」には「外国人住民」も含まれている。しかし、地方選挙権の享有主体については「日本国民たる年齢満20年以上の者で引き続き3箇月以上市町村の区域内に住所を有する者」（公選法9条2項）に限定し、被選挙権についても「日本国民」であることを要件としている（同法10条3号〜6号）。地方自治法18条、19条もこれと同様の規定を置いており、「『日本国民たる』住民」[22]と定められることで、外国人住民は排除されている。

(2) 外国人選挙権・被選挙権に関する学説

1980年代末以降、日本憲法学において、外国人参政権というテーマは「fashionableな問題」[23]と評されるほど多様な議論が行われた。そこでは**「外国人類型化」**論を前提とした上で、①憲法上、永住者等の外国人には参政権が禁止されるのか、許容されるのか、要請されるのか、②国政レベルと地方レベルの参政権は区分できるのか、「国民」（憲法15条）・「住民」（憲法93条2項）概念は同質性が求められるか否かが問われた。現在の学説を整理すると、（i）全面禁止説、（ii）全面許容説、（iii）全面要請説、（iv）**国政禁止・地方許容説**、（v）国政禁止・地方要請説、（vi）国政許容・地方要請説に区分し得る。

第一の争点である、国政選挙と地方選挙と主権の関連性、選挙の担い手に関する議論については、国政・地方選挙の参政権がともに直接「国民主権」原理から派生しているものであるならば、国政も地方政治も「国民」がになうべきこととなる。この考え方に立てば、憲法15条1項の「国民」と憲法93条2項の「住民」とは全体と部分の関係にあり、両者は質的に等しく、地域的広がりだけが問題になることになる（A説）。これに対して、国政選挙は**「国民主権」**原理から派生するが、地方選挙は「地方自治」原則の**住民自治**から派生するのであれば、その同質性は否定され、憲法93条2項の「住民」には一定の外国人も含まれることになる（B説）。第二の争点は、「禁止」「許容」「要請」という規範命題に関する問題である[24]。そこでは、憲法が保障する選挙権・被選挙権の法的性格[25]が問われることになった。選挙権が主権を行使する権利としての本質を有するのであれば、指定される主権者（＝参政権保持者）か

22　条例の制定改廃権、事務の監査請求権（地方自治法12条）、議会の解散請求権、解職請求権（同法13条）も「日本国民たる」住民に限定されている。
23　長尾一紘『外国人の参政権』（世界思想社、2000年）2頁。
24　これら規範命題の概念については、内野正幸『憲法解釈の論理と体系』（日本評論社、1991年）23頁以下を参照。

第 5 章　政治的権利

らその権利を剥奪することは許されなくなり、したがって「国民」観念・「住民」観念に一定の外国人が包含されると解するのであれば「要請」説が帰結されるのに対し、包含されないのであれば「否定」説が帰結されることになる。他方で、権利性が薄まり立法府の裁量が承認されるものであるならば、一定の外国人に参政権を付与するかどうかは立法政策の問題ということになる。

　A説を採用する見解のうち、（ⅰ）の全面否定説は、国政・地方選挙ともに外国人の政治参加の承認は**「国民主権」**原理に違背し違憲であるとする。憲法15条1項は参政権を「国民固有の権利」と規定しており、日本が独立国家である以上、政治参加は主権者「国民」、すなわち日本国籍保持者に限定されるべきであり、仮に国籍に関係なく参政権が保障されれば、外国人が日本の政策決定にかかわることになり、国家の独立性が維持できなくなるとする。また、憲法15条1項の「国民」と憲法93条2項の「住民」とは全体と部分の関係にあり、前者に外国人を

25　選挙権の法的性格について、学説は、①権利説、②公務説、③国家機関権限説ないし請求権説、④権利と同時に義務であると解する二元説の4つに分かれる。①の権利説は選挙権を「自然権」と解しているわけではなく、その権利主体は「政治的意思能力をもった者（「人民主権」論の主権者人民を構成する市民）」である（辻村前掲書［注1］325頁）。現在の通説は④の二元説であるが、最大判2005（平成17）年9月14日民集59巻7号2087頁を受けて、近時は選挙権の権利性が強調される傾向にある。たとえば、芦部説は、選挙（公務）と選挙権（権利）の性格は異なるものと認識し、選挙権を「選挙という公務に参加する権利」と解している（芦部信喜『演習憲法〔新版〕』［有斐閣、1988年］72頁）。
　被選挙権の法的性格については、従来の通説は国家法人説の立場から個人に権利が帰属しないことを前提に、権利ではなく「選挙人団によって選定されたとき、これを承諾し、公務員となりうる資格」（清宮四郎『憲法Ⅰ〔第3版〕』［有斐閣、1979年］142頁）と解していた、しかし現在では、被選挙権の内容を「立候補の自由」と捉え、憲法15条1項の保障する「重要な基本的人権の一つ」とした判例（最大判1976［昭和51］年4月14日民集30巻3号223頁）を支持し、「立候補の権利」と解した上で、選挙権と表裏一体のものとして解する傾向が強くなっている（辻村みよ子「参政権、政党」辻村みよ子編著『ニューアングル憲法』［法律文化社、2012年］288頁）。

含めしめることが不可能である以上、後者にも外国人を含むことはできないとし、外国人が参政権を得るためには、帰化して日本国籍を取得する必要が生じる[26]。これに対して、（ⅱ）の全面要請説は、歴史的にみれば**「国民主権」**原理は君主主権の対抗原理であり、必ずしも外国人に対する国籍保持者を意味するものではなく、「**人民主権**（プープル）」原理＝選挙権権利説を採用したフランス1793年憲法では外国人参政権を認めていたことにも準拠して[27]、「国民」概念の中には「日本における政治的決定に従わざるをえない生活実態にある外国人」（＝定住外国人）[28]または「永住市民（denizen）」も含まれ、当該外国人に参政権を付与しないのは違憲であるとする説である[29]。（ⅲ）の全面許容説は、**「国民主権」**原理は「治者と被治者の自同性」を内実とするものであるから、国籍の有無は重要ではなく、「当該国家を構成し当該国家社会に服属するふつうの人」が国家意思の最高決定権者であることがポイントであり、「よく練り上げた立法であれば、参政権を与えるのに憲法上の困難はない」ので、憲法44条に基づき、一定の資格を充たす外国人に参政権を付与しても違憲とはいえないとする[30]。

　B説を採用する見解として、（ⅳ）**国政禁止・地方許容説**は、憲法93条2項の「住民」には外国人は含まれないが、「外国人の地方議会議員選挙権を排除するものではな」く、法律によって付与することは認め

26　高乗正臣『人権保障の基本原則』（成文堂、2007年）77頁、百地章『改訂版 外国人の参政権問題Q＆A——地方選挙権付与も憲法違反』（明成社、2010年）、長尾一紘『外国人の選挙権 ドイツの経験・日本の課題』〈日本比較法研究所研究叢書〉（中央大学出版会、2014年）など。

27　辻村みよ子『「権利」としての選挙権——選挙権の本質と日本の選挙問題』〈現代法選書〉（勁草書房、1989年）21頁・23頁注2、同前掲書［注14］240頁。なお、フランス革命初期には3名の「外国人」が国民公会議員に選出されている。参照、菅原真「フランス革命期における『国民主権』原理と外国人参政権」憲法理論研究会編『立憲主義とデモクラシー』〈憲法理論叢書9〉（敬文堂、2001年）73頁。

28　浦部法穂「日本国憲法と外国人の参政権」徐龍達編『定住外国人の地方参政権——開かれた日本社会をめざして』（日本評論社、1992年）45頁。

られるとする説である[31]。「**国民主権**」の趣旨からして、憲法93条2項は「日本国民」に対する選挙権付与を要請するものであるが、外国人に対する禁止規範としての内容を有しているわけではないと解するわけである。（ⅳ）国政禁止・地方要請説は、憲法15条1項の参政権は「**国民主権**」原理から派生するものであるのに対して、憲法93条2項は直接には「地方自治」原則から派生するものであり、その文言解釈から「住民」は外国人を排除するものではないし、目的論的解釈から「むしろ要請するもの」とする説である[32]。

29　参政権の主体となる「永住外国人」の範囲については種々の見解がある。（a）現行法上の「永住者」（一般永住者および在日韓国・朝鮮人の特別永住者）を「永住市民」とし、国民に準じて国政・地方参政権をもつことを論理的帰結とする説（辻村前掲書［注1］133頁）、（b）一般永住者とは歴史的背景を異にする旧植民地出身者たる在日韓国・朝鮮人から国政・地方参政権を剥奪することは違憲であるが、その他の定住外国人については許容説をとる説（江橋崇「外国人の参政権」樋口陽一・高橋和之編『現代立憲主義の展開〔上〕』［有斐閣、1993年］199頁）、（c）憲法15条1項の「国民固有の権利」の「固有（inalienable）」とは国民が「専有」するという意味ではなく「譲り渡すことができない」「奪ってはならない」という意味であるとし、「国民」には「将来の世代」も含み、現行法制に限定されることなく一定の居住要件を充たす永住者で「将来の国民」として位置づけられる者を主権の担い手と解する永住市民権（denizenship）説（近藤敦『外国人の人権と市民権』［明石書店、2001年］111頁）などがある。
30　奥平康弘『憲法Ⅲ』（有斐閣、1993年）53頁、戸波江二『憲法〔新版〕』（ぎょうせい、1998年）138頁。ここで「主権者とは、特定の時点における法律のレベルで日本国籍を有すると定められている者の総体ではなく、憲法解釈上、それに先行して、日本国民と観念されるもののこと」である。しかし、全面要請説の（a）（b）のように現行法制の「永住権者（一般永住者、特別永住者）」身分をもつ者だけに参政権付与を限定することは、憲法44条、人種差別撤廃条約違反となるからこそ、不明瞭な「定住外国人」概念を使用すべきであるとの主張がこの説からはなされている。この見解によれば、国会がその中から憲法44条に抵触しない範囲で裁量権を行使し、適当と認める基準をたて、それを満たす一定範囲の者に参政権が付与されるべきことになる（甲斐素直『人権論の間隙』［信山社、2009年］5頁）。
31　芦部（高橋補訂）前掲書［注2］92頁。「現在における通説」（長尾一紘『外国人の参政権』［世界思想社、2000年］3頁）とされる。

国政許容・地方要請説もB説を採用した上で、まず国政選挙については、憲法43条1項の「全国民の代表」の意義は不明確だから、立法府が憲法改正することなく外国人の国政選挙制度を導入することは可能であるとして許容説を、次に地方選挙については、憲法93条2項の「住民」概念は歴史的にも国籍とは無関係なものとして行政法上使用されてきたこと、15条1項と93条2項とは一般法と特別法の関係にあることを指摘し、「外国人たる住民を日本国民たる住民と区別する措置が、厳格で形式的に理解された平等原則の解釈に合致することが証明できるのでなければ、現行の法律は違憲」であるとする[33]。

（3）国政選挙権・被選挙権に関する判例[34]

　国政レベルの選挙権については、日本人と婚姻し永住者資格を有するイギリス人が参政権の主体を「日本国民」に限定している公職選挙法の違憲性を争った国家賠償請求事件がある（ヒッグス・アラン参議院選挙権訴訟）。原告は要請説の立場から代表制民主制を通じてその政治的決定に従い、納税の義務を負わざるを得ない社会構成員は、憲法15条1項の「国民」に含まれると主張したが、最高裁は、「マクリーン事件」最高裁判決（巻末資料参照）の「趣旨に徴して明らかである」とし、それ以外になんの理由づけもなく原告の請求を棄却した[35]。

　国政レベルの被選挙権については「李英和参議院被選挙権訴訟」がある。これは、1992年7月の参議院比例代表選挙に、在日外国人を構成

32　長尾一紘がかつて採用していた説。長尾「外国人の選挙権」『法学教室』54号（1985年）25頁。

33　高田篤「外国人の選挙権――ドイツ連邦裁判所違憲判決の論理」『法律時報』64巻1号（1992年）92頁。ほかにこの説を採るものとして、相沢直子「定住外国人の選挙参加――ドイツの議論の示唆と日本国憲法解釈の視点」『九大法学』71号（1996年）280頁など。

34　判例評釈は多々あるが、特に近藤敦『「外国人」の参政権』（明石書店、1996年）241頁以下が詳しい。

員とする「在日党」が立候補しようと選挙管理委員会に届け出たところ不受理決定がなされたことに対する国家賠償請求訴訟である。大阪高裁は、憲法15条1項が保障する「選挙権と被選挙権とは国家意思の形成に参与する国民固有のもの」であり「我が国に在留する外国人には及ばない」とし、原告の請求を棄却した[36]。

(4) **地方選挙権**に関する判例

地方レベルの選挙権については、特別永住者である在日韓国人2世が提訴した「定住外国人**地方選挙権**訴訟」(キム**地方選挙権訴訟**) 最高裁判決がある。**国民主権**原理における「国民」とは、「日本国民」すなわち日本国籍を有する者のことであるとした上で、憲法15条1項は権利の性質上「日本国民」のみを対象とし、また憲法93条2項の「住民」も地方公共団体に住所を有する「日本国民」を意味し、外国人は含まれないとして原告の請求を斥けた。しかし、同判決は、憲法第8章の地方自治の趣旨、「民主主義社会における地方自治の重要性」に鑑みれば、その居住する区域の地方公共団体と特段に密接な関係をもつに至ったと認められる「永住者等」に対しては、法律によって**地方選挙権**を保障するこ

---

35 最判1993(平成5)年2月26日判時1452号37頁。本件第一審・大阪地判1991 (平成3)年3月29日判タ779号96頁は、参政権は「国家の存在を前提として初めて成立する国民の権利」であり、「国民主権」原理を受けて憲法15条1項の「国民」は「日本国民のみ」がその対象であると結論づけた。控訴審・大阪高判1992(平成4)年7月31日判例集未登載も第一審判決を踏襲し、原告の請求を斥けている。

36 大阪高判1996(平成8)年7月19日判例集未登載。原審の大阪地判1994(平成6)年12月9日判タ892号167頁は「国民主権」原理に基づき、選挙権・被選挙権を保障する憲法15条1項の「国民」は「日本国籍を有する者であることは明らか」であること、「定住性の点をもって、他の外国人と殊更異別に解する憲法上の理由については、憲法13条、14条に照らしても、これを見出し難い」こと、納税義務は参政権保障の根拠になり得ないこと、国際人権B規約25条は定住外国人の参政権を保障する趣旨と解することはできないことを判示し、原告の請求を棄却した。

とは「憲法上禁止されているものではない」、立法すれば外国人住民にも権利付与が認められるとする「**国政禁止・地方許容説**」を採用した（巻末資料参照）[37]。

（5）国会・内閣における外国人の地方参政権法案をめぐる動向

　国会においては、1998年10月（第143回国会）に公明党・民主党が「永住外国人に対する地方公共団体の議会の議員及び長の選挙権等の付与に関する法律案」を共同提出して以降、これまで公明党、民主党、日本共産党、自由党（のち保守党）が共同または単独で議員立法案として外国人の**地方選挙権**法案を提出してきた（共産党案は被選挙権も明記）。2008年1月には、民主党の推進派議員が永住外国人法的地位向上推進議員連盟を立ち上げ、同年5月に「永住外国人への**地方選挙権**付与に関する提言」をまとめている[38]。在日本大韓民国民団中央本部の調査によれば、全国の自治体における「永住外国人の地方参政権の確立に関する意見書」の採択率は46.37％にのぼり、神奈川県・長野県・石川県・大阪府・奈良県・滋賀県では100％の採択率となっていた（2010年1月末現在）[39]。しかし、永住外国人の**地方選挙権**付与に積極的な民主党の鳩山内閣（社会民主党・国民新党との連立政権）の誕生と同時に、自由民主党の地方議員らが中心となり、2009年10月〜12月の間に全国の自治体で外国人参

37　最判1995（平成7）年2月28日民集49巻2号639頁。
38　永住外国人法的地位向上推進議員連盟「永住外国人への地方選挙権付与に関する提言」（2008年5月20日）。この提言では、①地方選挙権付与の対象について、一般永住者と特別永住者とし（ただし、日本と外交関係のない国の国籍の永住者は対象から外す）、相互主義は採用しないこと、②付与する参政権の範囲は、都道府県および市町村の議員および長の選挙権のみで、当分の間、直接請求権と公務就任権は付与しないこと、③申請者の要件は、日本国民同様、20歳以上で、かつ3か月以上引き続き同一市町村の区域内に住所を有する者としている。
39　在日本大韓民国民団「外国人参政権ドットコム」（http://www.gaikokujinsanseiken.com/research/toukei_local.html　最終閲覧日2015年2月14日）。

政権に反対する意見書採択運動を展開し、14県議会が反対の意見書を採択した[40]。こうしたなかで、2010年11月、民主党・菅内閣は、永住外国人への**地方選挙権**付与が「『憲法上の**国民主権**の原理』と必ずしも矛盾するものではない」とする答弁書を閣議決定し[41]、閣法が提出されるのではないかと思われたが、法案を担当する原口一博総務相が議員立法での提出を主張し、また連立を組む国民新党代表の亀井静香金融・郵政担当相は選挙権付与そのものへの反対を明言するなど、閣内の足並みは一致せず、同法案はとん挫した。2012年12月、再び政権を奪取した自由民主党（公明党との連立政権）は外国人参政権に否定的であり、国政・地方とも参政権の享有主体に国籍要件を課す改憲案まで用意している[42]。その後、永住外国人の地方参政権法案をめぐる国会における動きはストップしたままである[43]。

（6）外国人と政党その他の政治団体

日本の政党は、ドイツ（基本法21条）のように憲法上の機関として位置づけられていないため、1994年に政党助成法が制定される際、それを憲法との関係において私的結社（憲法21条）と解すべきか、それとも国民意思を代表する特別な団体である以上、公的団体と解すべきかが議論された。政党が私的結社であるならば、当然政党の自主的判断で外国

---

40 『朝日新聞』2010年1月8日付。秋田県・山形県・茨城県・埼玉県・千葉県・新潟県・富山県・石川県・島根県・香川県・佐賀県・長崎県・熊本県・大分県。このうち7県はかつて賛成の意見書を採択していた県であった。全国都道府県議会議長会によれば、2000年までに30都道府県が外国人の地方参政権を求める意見書を採択していたという。
41 鳩山内閣は、山谷えり子参議院議員が2010年5月27日に提出した質問主意書に対する答弁書（2010年6月4日閣議決定）において、最高裁判決の本論部分を引用し「政府も同様に考えている」としていたが（櫻井よし子「政府は外国人参政権を諦めていた」『週刊新潮』2010年7月29日号）、菅内閣は、浜田和幸参議院議員の質問主意書に対する政府答弁書（2010年11月19日閣議決定）でこれを変更した（『産経新聞』2010年11月19日付）。

人の入党も認められるべきであると考えられる。これに対して、法に基づきその地位を付与され、公的活動を行う政党においては、その組織や活動資金のあり方について、他の民間団体とは異なる規律を設けてしかるべきとの見解もあり得る。

　政治資金規正法は、議会制民主主義の下における政党その他の政治団

42　自由民主党「憲法改正草案」（2012 年 4 月 27 日決定）によれば、国政選挙を定めた 15 条 3 項は「公務員の選定を選挙により行う場合は、日本国籍を有する成年者による普通選挙の方法による」と規定し、地方選挙に関する 94 条 2 項は「地方自治体の長、議会の議員及び法律の定めるその他の公務員は、当該地方自治体の住民であって日本国籍を有する者が直接選挙する」と定める（下線部は、原文太字）。特に現在争点となっている地方選挙権について、同党の公式コンメンタールでは、「外国人に地方選挙権を認めないことを明確に」するためのものであると説明され、「地方自治は、我が国の統治機構の不可欠の要素を成し、その在り方が国民生活に大きな影響を及ぼす可能性がある」「国政と同様に地方政治の方向性も主権者である日本国民が決めるべき」と解説されている（自由民主党『日本国憲法改正案 Q ＆ A』［2012 年］）。しかし、改憲案においてあえて下線部のような文言を入れなければならないということは、現行憲法上、通説・判例のように永住外国人の地方選挙権を容認する解釈が強力に存することを逆説的ながら認めているとも考えられる。

43　なお、永住外国人の地方参政権法案問題を「打開する代案」として、①特別永住者を対象に届出だけで日本国籍取得を認める「特別永住者等の国籍取得の特例に関する法律案」が、2001 年、自民党・公明党など当時の与党プロジェクトチームによって発表されていた。これに対して、在日コリアンは「地方参政権つぶし」として一斉に反発したが、「在日コリアンの日本国籍取得権確立協議会」が創設され、簡易国籍取得運動を行った（参照、白井美友紀編『日本国籍を取りますか？──国家・国籍・民族と在日コリアン』［新幹社、2007 年］1 頁以下）。②さらに、重国籍の承認も今後争点となり得る。日本に居住する重国籍者の数は、1985 年の年間 1 万人から 2008 年には 53 万〜 58 万人と推計されるに至り、年々増加傾向にある。国籍法が採用している「国籍唯一の原則」が十分には機能しなくなっており、国籍立法の理念と現実の乖離が増大しているとの指摘が参議院事務局当局からもなされるに至っている（大山尚「重国籍と国籍唯一の原則──欧州の対応と我が国の状況」『立法と調査』295 号［2009 年］103 頁）。重国籍者の参政権に関する欧州の事例として、参照、菅原真「タナセ対モルドヴァ事件（Tănase v. Moldova）──欧州人権裁判所 2010 年 4 月 27 日判決」戸波江二・北村泰三・建石真公子・小畑郁・江島晶子編『ヨーロッパ人権裁判所の判例 II』（信山社、2015 年発行予定）。

体の機能の重要性および公職の候補者の責務の重要性に鑑み、政治団体および公職の候補者により行われる政治活動が国民の不断の監視と批判の下に行われるようにするため、政治資金の収支の公開や政治資金の授受の規正などの措置を講ずることによって、政治活動の公明と公正を確保し、民主政治の健全な発展に寄与することを目的とし、外国人・外国法人による寄附の制限がなされている（22 条の 5）。この制限の立法趣旨は、「我が国の政治や選挙が外国の勢力によって影響を受けることを未然に防止するため」[44] とされる。民主党政権でも自民党政権でも閣僚が外国人・外国人法人による寄附をもらっていたとして、辞任する事件が相次いでいたが、比較法的には、アメリカでは、政治献金が禁止される外国人とは、外国の政府、外国の政党、外国の会社、外国の社団、外国の組合、外国の市民権を有する個人、永住許可証を有しない移民であるとされ、規制が厳格である（合衆国法典 2 編 14 章［連邦選挙運動法］441 条 e）一方で、フランスでは、外国および外国法人の政治献金および企業献金は禁止されているが、外国人個人の献金は禁止対象外とされている（選挙法典 L 52 条の 8）[45]。

　次に政党における国籍要件の有無である。政党助成法が制定されて以降、国会に議席を有する政党の助成金目当ての離合集散は激しさを増しているが、2015 年 2 月現在、国会に議席を有し、規約をホームページ上で明記している政党の入党要件を見ると、すべての政党が国籍要件を有しているわけではない。国籍要件を明示している政党は、自由民主党（党則 3 条）、民主党（規約 3 条）、維新の党（一般党員入会・募集要項「入党資格」［2］）、日本共産党（規約 4 条）、次世代の党（「入党申込みについて」入党手続、「宣誓」）、生活の党と山本太郎となかまたち（規約 3 条）である。こ

44　政治資金制度研究会編『Q＆A 政治資金ハンドブック〔第 5 次改訂版〕』（ぎょうせい、2009 年）317 頁。
45　河島太朗「米英独仏における外国人の政治献金規制」『調査と情報』542 号（2006 年）1 頁。

れに対して、「国籍を問わず党員になれる」と明記しているのは公明党（規約4条）、国籍要件を定めていないのが社民党（党則4条）である。日本を元気にする会、新党改革、太陽の党、沖縄社会大衆党[46]は、入党要件が不明である。

地方議会に議席を有する政党としては、国籍を入党要件とするのは減税日本（規約6条）だけで、新社会党が「国籍は問いません」と明記し（規約2条2項）、幸福実現党が「理念と綱領、政策に賛同する18歳以上の方なら、どなたでも」（党員の条件）、緑の党（6条）「この政党の目的に賛同し規約を認める人は、原則として誰でも」としている。政党そうぞうは、入党要件が不明である。

政党が私的結社であるならば、自律的にその構成員を認めることが許されると考えられる。その場合、当該政党が永住外国人の地方参政権の付与を主張しているのであれば、外国人の入党を認めてしかるべきであり、それを認めないのは自己矛盾であるように考えられる。

2．外国人の公務就任権

（1）現行の法制度

公務就任権（公務に就く権利ないし資格）について、大日本帝国憲法には19条に規定があったが、日本国憲法には44条で国会議員の資格を定めるほか、特に規定は存しない。法律によって日本国民のみに制限されている公務員の職種は、（ⅰ）選挙によって選ばれ得る衆議院議員、参議院議員、都道府県議会議員、都道府県知事、市町村議会議員および市町村長[47]、（ⅱ）内閣総理大臣[48]、（ⅲ）外務公務員[49]だけである。しかし

46　現在、沖縄社会大衆党のHPは閉鎖中であるが、筆者の問い合わせに対し、2015年2月現在、同党の糸数慶子委員長・参議院議員および上原カイザ那覇市議から、「入党にあたっての国籍要件はありません」との返答があった。

第 5 章　政治的権利

　実務においては、従来、以下にみる**「当然の法理」**と人事院規則を根拠に、幅広い領域において外国人の公務就任が不可能になっていた。すなわち、①国家公務員については、「公務員に関する当然の法理として、公権力の行使または国家意思の形成への参画にたずさわる公務員となるためには、日本国籍を必要とするものと解すべき」とする 1953 年内閣法制局見解[50]、②地方公務員については、「地方公務員の職のうち公権力の行使又は地方公共団体の意思の形成への参画にたずさわる職につくことが将来予想される職（一般事務職員、一般技術職員等）の採用試験において、日本の国籍を有しない者にも一般的に受験資格を認めることは適当ではない」とする 1973 年自治省見解[51]、③行政立法でこれを具体化した 1977 年施行の「人事院規則 8-18（採用試験）」第 8 条 3 項（「日本の国籍を有しない者」の国家公務員試験受験資格を認めない）、そして④地方公務員採用試験については、このような定めがないにもかかわらず、外国人は人事委員会規則や試験要項等で国籍要件が定められることによって、受験資格から排除されてきた。

　しかし、1996 年 5 月、川崎市がこの**「当然の法理」**を前提としつつ、それに抵触しないと判断した独自の基準（①消防局を除く全職種での募集、②採用後の権力的処分や管理職での決裁権の否定）によって外国人の公務就任資格を認め、同年 11 月に自治大臣・白川勝彦が**「当然の法理」**の解釈を各地方自治体に委ねたことで、現在、地方公務員の国籍要件は各地で

47　公職選挙法 10 条により「日本国民」が要件とされている。
48　内閣総理大臣は「日本国民」（公選法 10 条）に留保されている国会議員の中から指名される（憲法 67 条）。
49　外務公務員法 7 条 1 項は「国籍を有しない者又は外国籍の国籍を有する者は、外務公務員になることができない」と規定する。
50　昭和 28 年 3 月 25 日法制局一発第 29 号。この法制局第一部長・高辻正巳による回答における「当然の法理」の根拠づけについては、参照、近藤前掲書［注 29］209 頁。
51　昭和 48 年 5 月 28 日自治公一部第 28 号。

撤廃されている[52]。

(2) 外国人公務就任権に関する学説

初期の学説は、**公務就任権**は参政権的性格を有しており、参政権は国民のみが享受する権利である以上、「外国人は……原則として如何なる公職に就くことも出来ないものとせられて居る」[53]としていたが、憲法学の通説的見解は、外国人の**公務就任権**が無制限に保障されることはないとしても、上述の「**当然の法理**」の基準[54]はあまりにも不明確であり、その制限は合理的で必要最小限度のものでなければならないと指摘してきた。たとえば芦部信喜は、人事院規則8-18が公務員採用試験の受験資格を外国人には一切認めないのは、競争試験を経て就く公務はすべて「公権力行使」ないし「国家意思の形成への参画」に当たるという解釈に立っているからであるが、「公権力の行使又は国家意思の形成への参画」という基準は「広範かつ抽象的であるため、拡張解釈されるおそれが大きいところに問題がある。……そうだとすれば、『公権力の行使』という包括的基準ではなく、同じ公権力を行使する職務であっても、……より限定的・具体的な基準にしたがって、少なくとも定住外国人（とくに**特別永住者**）には、後者の職務について広く公務就任への道を拓くことを考慮する必要があ」るとしていた[55]。

52　橋本大二郎・高知県知事は、1996年度の一般事務職など県職員採用の受験資格から「国籍」条項を撤廃する方針を打ち出した際、「法律にないものを無理に規範にするのは法治主義の原則に反する」とし、知事以外は「公権力の行使に携わる管理職」ではないと結論づけた（「地方公務員、日本国籍は必要か」『朝日新聞』1996年3月4日付朝刊）。

53　美濃部達吉『日本國憲法原論』（有斐閣、1948年）216頁。ただし、例外として「学校教師・翻訳者・技術員の如き純然たる学術技芸に関する職務」が挙げられている。

54　「当然の法理」をめぐる問題点については、参照、岡崎克彦「外国人の法的地位に関する一考察」『名古屋大学法政論集』75号（1978年）179頁、岡崎克彦・笹岡克比人「外国人職員任用の新動向」『自治総研』239号（1998年）40頁。

現在の多数説は、一口に公務員といってもその職種は多様であり、さらに現在の行政活動は憲法および国民代表の定めた法律によって行われるのであるから、外国人の公務就任資格を一律に否定することは許されないと解しており[56]、**「公務就任権」**の性格も、それは憲法上の権利としては「職業選択の自由」と「平等権」に立脚するものであると考えられている。こうしてこの問題に関する焦点は、外国人の**公務就任権**それ自体の認否ではなく、「外国人であることを理由に昇格を否定すること」の合理性の問題[57]に移った。その問題が争われたのが「地方公務員管理職昇任差別事件」である。

(3) 地方公務員の管理職昇任に関する判例

この事件は、東京都の管理職就任資格について、**「当然の法理」**に基づき、特別永住者の在日韓国人2世が課長級の管理職選考試験を日本国籍がないために受験できなかったため、受験資格の確認と国家賠償を求めて提訴した事件である。最高裁は、「住民の権利義務を直接形成し、その範囲を確定するなどの公権力の行使に当たる行為を行い、若しくは普通地方公共団体の重要な施策に関する決定を行い、又はこれらに参加することを職務とする公務員」を**「公権力行使等地方公務員」**と定義づけ、そのような公務員の職務は住民の生活に直接間接に重大なかかわりを有するので、**国民主権**原理に基づき、国および地方公共団体による統治の在り方については日本国の統治者としての国民が最終的な責任を負うべきであること（憲法1条、15条1項）に照らすと、原則として**公権力**

---

55 芦部信喜『憲法学Ⅱ』（有斐閣、1994年）134頁。
56 たとえば、渋谷秀樹「定住外国人の公務就任・昇任をめぐる憲法問題」『ジュリスト』1288号（2005年）15頁は、「日本の公務員法制を貫くものは『能力本位の原則』であり、公務員に要求される服務の要諦は『憲法忠誠』である。それ以上でも以下でもない」と指摘する。
57 高橋和之『立憲主義と日本国憲法〔第3版〕』（有斐閣、2013年）92頁。

行使等地方公務員に就任することが想定されているのは日本国民であるとした。そして、「普通地方公共団体が一体的な管理職の任用制度を構築して人事の適正な運用を図ることは、合理的な理由に基づいて日本国民たる職員と在留外国人たる職員とを区別するもので、こうした措置を採用することは労基法3条にも憲法14条1項にも違反しない」と結論づけた（巻末資料参照）[58]。

この法廷意見に対しては、原告は**特別永住者**であり、地方公務員就任につき職業選択の自由を保障されており、地方自治体の担い手の一人であることに照らすと、地方公共団体における自己統治の過程に密接に関係する職員以外の職員となることを制限される場合には、その制限には厳格な合理性が要求されるとする泉徳治裁判官の反対意見がある（巻末資料参照）。

なお、本判決の原審である東京高裁は、地方公務員を（ⅰ）国家統治作用直接行使公務員、（ⅱ）国家統治作用間接行使公務員、（ⅲ）補佐的・補助的・学術的・技術的専門分野従事公務員に分類し、さらに（ⅱ）の領域の公務員をさらに「**国民主権**の原理に照らし、外国人に就任を認めることが許されないもの」と「外国人に就任を認めて差し支えないもの」とに分け、全部で4類型にした上で、「管理職であっても、専ら専門的・技術的な分野においてスタッフとしての職務に従事するにとどまるなど、公権力を行使することなく、また公の意思の形成に参画する蓋然性が少なく、地方公共団体の行う統治作用に関わる程度の弱い管理職」があるとし、「課長級の管理職の中にも、外国籍の職員に昇任を許しても差し支えのないものも存在するべきであるから、外国籍の職員から管理職選考の機会を奪うことは、外国籍の職員の課長級の管理職への昇任の途を閉ざすものであり、憲法第22条第1項、第14条第1項

---

[58] 最大判2005（平成17）年1月26日民集59巻1号128頁

に違反する違法な措置である」と認定していた。また「**特別永住者**等」は「居住する区域の地方公共団体と特段に密接な関連を有する者」であり、「その意思を日常生活に反映させ、また、自らこれに参加していくことが望ましい」と判断していた[59]。

3．外国人の住民投票権

（1）地方自治体における住民投票条例

憲法は、「地方自治の本旨」の重要な一内容である**住民自治**の保障のために、住民による自治体の議員および長の直接選挙（憲法93条）と一の地方自治体のみに適用される特別法についての住民投票（憲法95条）を定めている。さらに地方自治法では、住民による直接民主主義的な制度として、①条例制定および改廃請求（74条〜74条の4）、②事務監査請求（75条）、③議会の解散請求（76〜79条）、④議員および長らの解職請求（80〜88条）などを定めているが、条例制定権自体は議会が有しており、住民投票は法によって義務づけられているわけではない。憲法においても地方自治法においても、その基本的枠組みとしては間接民主制を採用している[60]。地方自治体の統治システムは、直接公選の首長と議会の二元的代表制を採用し、両者のチェック・アンド・バランスをその意思決定の基本としている。しかし、実際にはこの制度の想定は実現せず、両者一体となった意思決定がなされることが多い。有権者は首長選挙であれ議会選挙であれ、多くのファクターによって投票するのであり、ある特定の争点についての住民意思が純粋に抽出されるわけではない。その点、「特定争点に関する住民投票は、住民の意思を純粋に近い形で抽

59　東京高判1997（平成9）年11月26日高民集50巻3号459頁。
60　辻村前掲書［注1］519頁以下では、住民投票と主権原理との関係、住民投票を実施する上での留意点や課題が論じられている。

出することができる」という利点がある[61]。こうして、1996年8月、新潟県巻町で原子力発電所建設の是非を問う住民投票条例[62]が施行されて以降、憲法・法律による制度のほかに、条例に基づく住民投票が全国の自治体に拡大していった。1996年9月には沖縄県で日米地位協定見直しと米軍基地縮小の賛否を問う県民投票が、1997年6月には岐阜県御嵩町で産業廃棄物処理施設建設の是非を問う住民投票が行われた。住民投票条例は、(a) 個別設置型条例と (b) 常設型条例とに大別し得る。前者は、案件ごとに条例を制定するというもので、後者は住民投票の対象となる事項や投票資格者、発議の方法、成立要件などをあらかじめ定めておくというものである。

(2) 住民投票と外国人

住民投票における永住外国人の投票資格をめぐっては、上述の岐阜県御嵩町の住民投票条例が投票資格を選挙人名簿登録者に限定したため、町に居住し外国人登録している「定住外国人」が住民投票できなかったことが、憲法14条1項、21条1項、国際人権B規約等に違反するとして損害賠償請求を行った訴訟がある。最高裁は、当該住民投票条例が「投票の資格を有する者を日本国民たる住民に限るとしたことが憲法14条1項、21条1項に違反する旨をいう部分が理由がない」ことは、「マクリーン事件」最高裁判決の趣旨に照らして明らかである（「定住外国人地方選挙権訴訟」最高裁判決参照）として、原告の請求を斥けた[63]。

---

[61] 新藤宗幸編『住民投票』（ぎょうせい、1999年）9頁。
[62] 秋田周「地方自治における住民参加の研究」『法政理論』28巻4号 (1996年) 1頁、同「住民投票をめぐる諸問題――地方自治における住民参加の研究 (その2)」『法政理論』29巻4号 (1997年) 93頁、同「住民投票をめぐる諸論点――地方自治における住民参加の研究 (その3)」『法政理論』31巻3号 (1999年) 1頁。巻町の住民投票は、投票率88％、原発設置反対61％・賛成39％という結果になり、町長はこの結果を尊重し、原発建設は中止に追い込まれた。

第 5 章　政治的権利

　日本で初めて永住外国人に住民投票の投票資格が付与されたのは、2002 年 3 月の滋賀県米原町の合併問題に関する住民投票である[64]。自治体が定める住民投票条例においては、議会の判断で公職選挙法上の有権者以外にも投票資格を拡大することが可能であり、最近では 18 歳未満の者、永住外国人も有資格者となるケースが増えてきている。

　民団中央本部国際局調べによると、2005 年 2 月末現在、永住外国人を含む住民投票条例制定自治体総数は 177 自治体（1 都 1 道 1 府 35 県、23 市 1 特別区 123 町 30 村）ある。このうち、「合併にともなう住民投票条例」が 164 自治体、「常設型」住民投票条例が 10 自治体、「基本条例」が 3 自治体である。投票対象となる外国人は、「引き続き 3 箇月以上住所を有する永住外国人」が 170 自治体、「投票日において住所を有する永住外国人および日本人の配偶者を持つ外国人」が 1 自治体、「引き続き 3 箇月以上住所を有する全外国人（但し、該当者が極めて少ない地域）」が 2 自治体、「引き続き 3 箇月以上住所を有する永住外国人および日本人の配偶者を持つ外国人」が 2 自治体、「投票日の 1 年以上前から引き続き住所を有する外国人」が 1 自治体、「市内に住所を有する外国人（永住者・定住者等）」が 1 自治体、「投票資格者としての登録申請が不要」が 22 自治体である[65]。

　近時、「3 箇月」の居住要件を「3 年以上」にまで厳しくする条例も策定されている。2008 年 6 月制定・2009 年 4 月施行の「川崎市住民投

63　最判 2002（平成 14）年 9 月 27 日集民 207 号 337 頁。
64　全国で 2 例目の自治体合併をテーマとした住民投票であると同時に、全国初の「常設型」、さらに全国初の外国人に投票資格が付与された住民投票であった。県職員時代に公務員採用資格の国籍条項撤廃問題に取り組んだ西村俊雄町長は、「永住外国人にも連帯意識を持って意欲的にまちづくりに参加してもらうことが大切」との信念で、町議会を説得し、この条例を策定したという（「〈在日社会〉永住外国人住民投票権 全国 31 の自治体に拡大」『東洋経済日報』2003 年 4 月 25 日付）。
65　在日本大韓民国民団中央本部「永住外国人に対する住民投票権付与の現況」（http://www.mindan.org/sidemenu/sm_sansei28.php　最終閲覧日 2015 年 2 月 14 日）

票条例」は、一般永住者・**特別永住者**のほか、3年以上在留している外国人を投票資格者としている（3条2号）が、その趣旨として、「日本に生活基盤を有していることに加え、付議事項の内容等について十分に理解し、自らの意思で投票を行うためには、日本の社会生活や文化、政治制度などの知識を身に付けている必要がある」と解説している[66]。

4．外国人市民代表者会議

　外国人の政治参加の新しい試みとして、1996年12月に日本で初めて外国人市民代表者会議を発足したのは、川崎市である。ドイツやフランスの外国人市民代表者会議を参考にしながら、「地方自治の本旨」に基づき、外国人市民が地域社会の構成員として地域の発展に寄与することによって共生の街づくりを推進し、民主的な地方自治の確立と国際化に資することを目的とするものであり、外国人市民の声を行政施策に反映させるべく、永住外国人の地方参政権に代わる市民参加の仕組みとして構想されたものである[67]。

　現在、同様の外国人代表者会議は各地に広がっているが、その形態は「議会型」と「有識者会議型」に大きく分けることができる[68]。「議会型」が構成員を外国人住民に限定し、議題や議事進行も外国人住民が行うのに対し、「有識者会議型」は外国人と日本人の学識経験者が一緒になって外国人施策や外国人の抱える問題を解決するための検討を行う。日本

66　川崎市総務局市民情報室市民の声担当『川崎市住民投票条例逐条解説書（平成22年4月版）』（2010年）10頁。
67　山田貴夫「川崎市外国人市民代表者会議の成立と現状」宮島喬編『外国人市民と政治参加』（有信堂、2000年）39頁、中野裕二「川崎市外国人市民代表者会議の10年――議事録から読み取れること」『駒沢法学』7巻1号（2007年）39頁。
68　宮島喬『共に生きられる日本へ――外国人施策とその課題』（有斐閣、2003年）214頁。

全国のいずれの外国人代表者会議においても、公選制を採用する会議は存せず、すべて公募制である。

　川崎市の外国人市民代表者会議は「議会型」の会議ではあるが、その法的位置づけは首長の諮問機関である。地方自治法138条の4に規定する市の執行機関の付属機関として、選挙でなく一般公募の中から、出身国・出身地域のバランスを考慮して、市長が委嘱するという方式で選出される。この川崎市の外国人代表者会議の成果として「実績のなかでもっとも特筆すべき成果」と評されているのが、民間賃貸住宅の入居に際して外国人を含め誰に対しても入居差別を禁止する提言が盛り込まれた「住宅基本条例」の制定・施行（2000年）である[69]。外国人市民代表者会議の活動内容は、その設置目的を達成するために「調査審議し、市長に対し、その結果を報告し、又は意見を申し出る」（条例2条）ことである。しかし、中野裕二の分析によれば、この代表者会議が創設されて10年以上経ち、代表者たちが自らテーマを設定し、審議し、提言をまとめるという方法で会議を継続させているけれども、提言に対し行政は取り組んでも一向に問題は解決されず、何度も同じテーマが繰り返されることにより、行政の取り組みへの不満、外国人市民の意見を代表するはずの代表者自身の「代表性」に対する疑念、さらに代表者会議の有効性に対する疑念が生じている。「代表者会議の形骸化」を避けるためには、代表者の達成感の得られる提言にしていくことが求められている[70]。基本的人権の尊重、差別解消や多文化共生施策の実現など共通の要望はあるにせよ、「外国人市民」といってもその属性によって異なる要求が存在する。「多文化共生社会」の実現が叫ばれる現在、外国人住民の政治参加の仕組みづくりを今一度再考する時期に来ていると考えられる。

69　樋口直人「外国人の行政参加システム」『都市問題』92巻4号（2001年）69頁。
70　中野前掲論文〔注66〕63頁。

おわりに

　外国籍者として日本で初めて弁護士職に就いた金敬得は、日本国憲法の三大原理の１つである平和主義は、「アジアに対する植民地支配、侵略主義の反省の結果生まれたもの」であり、「植民地支配の結果日本に居住することになった在日韓国朝鮮人等の旧植民地出身者の人権の保障は、平和主義憲法が内在的に要請している」と指摘していた。たしかに世界は現在も「国民国家」の枠組みで成り立っているが、「地方自治」は**住民自治**を原理としているのであるから、外国籍の永住市民が「住民」として**住民自治**に参加することは、「**国民主権**」の枠組みに抵触することにはならないと考えられる。地方公務員として働いている外国人住民は、その「日本国憲法の理念のもとに公務に従事している」のであるから、「存在そのものが日本と本国の架橋」になり「平和のメッセージを伝える存在」になり得る[71]。

　外国人登録法が廃止され、住民基本台帳に外国人も登録されることになった現在、自治体は「公正な管理」（旧外登法１条）から「住民の利便の増進」のために、外国人住民政策の方向性を転換しなければならない。「多文化共生社会」の実現[72]を図るためにも、永住外国人の地方レベルでの参政権の導入について、国＝法律レベルの議論だけでなく、「地方自治」「**住民自治**」の基本理念に照らして、条例による承認についても、①憲法上の「法律の留保」との関係、②公職選挙法、地方自治法が地方参政権について「日本国民」を要件としている「法律との抵触」の問題

---

[71] 金敬得「在日韓国・朝鮮人と地方公務員管理職」鄭香均編著『正義なき国、「当然の法理」を問い続けて』（明石書店、2006 年）112 頁、金敬得『新版 在日コリアンのアイデンティティと法的地位』（明石書店、2005 年）221 頁。

[72] 総務省「多文化共生の推進に関する研究会報告書」（2006 年３月）。参照、菅原真「日本国憲法と『多文化共生』社会の実現」『法学館憲法研究所報』12 号（2015 年）17 頁。

を理論的に克服した上で、各自治体レベルで再検討すべき時が来ているといえよう[73]。

● 参考文献

近藤敦『「外国人」の参政権——デニズンシップの比較研究』(明石書店、1996 年)
　〈比較憲法政策学の観点から、国民／外国人の二分法を否定し、「永住市民（denizen）」の参政権が提唱される。〉
鄭香均編著『正義なき国、「当然の法理」を問い続けて』(明石書店、2006 年)
　〈東京都管理職昇任差別事件の原告らによる裁判記録集。地方公共団体の職務と国籍の関係が改めて問いなおされる。〉
長尾一紘『外国人の参政権』(世界思想社、2000 年)、同『外国人の選挙権 ドイツの経験・日本の課題』(中央大学出版部、2014 年)
　〈外国人参政権に関する日本の学説・判例の整理とドイツの憲法状況の紹介。著者は地方選挙権要請説、許容説を経て、現在は全面否定説へと改説している。〉

73　和田進「外国人選挙権条例」岩間昭道・戸波江二編『別冊法学セミナー司法試験シリーズ 憲法Ⅰ〔総論・統治〕』(日本評論社、1994 年) 215 頁。

第6章

永住者等の権利

宮崎　真

はじめに

　日本で生活する外国人を大きく分類すると、特別永住者、**中長期在留者**[1]（「日本人・永住者との身分関係や地位に基づくもの」「職業などの活動に基づくもの」）とその他の正規在留者（外交、公用や3か月以下の期間の在留者等）、米軍関係者、非正規在留者に分類することができる。

　日本で生活する外国人は**表1**のとおりである[2]。その中で、中長期に生活する外国人は、「特別永住者」の約37万人と「中長期在留者」約170万人を合わせ約207万人で、日本の総人口（1億2711万人）[3]の約1.6％になっている。

　外国人が日本に入国在留するためには原則として「在留資格」[4]を得

1　中長期在留者とは、2012年の外国人住民票の創設によってできた概念で、在留資格をもって在留する外国人のうち、3か月以下の在留期間の者、短期滞在・外交・公用の在留資格の者、東亜関係協会（台湾）および在日パレスチナ総代表部の各職員・家族を除くものである（入管法19条の3）。
2　在留資格の種類については、2015年4月から「投資・経営」が「経営・管理」に、「技術」と「人文知識・国際業務」とが統合されて「技術・人文知識・国際業務」になり、「高度専門職」という在留資格も新設されることになっている。
3　2014年6月20日　総務省統計局人口推計（2014年1月確定値）。

第6章　永住者等の権利

表1　在留外国人数（2013年12月末）

入管特例法	入管法			日米地位協定	
特別永住者	中長期在留者		その他正規在留者	米軍人等	非正規在留者
	活動に基づく在留資格	身分または地位に基づく在留資格			
373,221	1,693,224		259,163	105,677	59,061
	701,713	991,511			

教授	7,735	人文知識・国際業務	72,319	永住者	655,315	外交	8,159
芸術	432	企業内転勤	15,218	日本人の配偶者等	151,156	公用	8,342
宗教	4,570	興行	1,662	永住者の配偶者等	24,649	短期滞在	239,792
報道	219	技能	33,425	定住者	160,391	3か月以下等	2,870
投資・経営	13,439	文化活動	2,379				
法律・会計業務	149	留学	193,073				
医療	534	研修	1,501				
研究	1,910	技能実習	155,206				
教育	10,076	家族滞在	122,155				
技術	43,038	特定活動	22,649				

太字が本章の「永住者等」に該当する。
法務省「在留外国人統計」、米軍人等は防衛庁資料（防衛庁、2013年12月20日付「在日米軍人等の施設・区域内外における居住者数について」［2013年3月31日現在］）、非正規在留は、法務省プレスリリース（法務省、2014年3月20日付「本邦における不法残留者数について」［2014年1月1日現在］）
※米軍人等は、日米地位協定に基づき日本への入国が許されている。約半数が沖縄に駐留している。

4　「在留資格」は一般にビザと呼ばれることもあるが、「VISA（査証）」は、海外にある大使館、領事館で発行される当該パスポート（旅券）が有効で記載された条件により入国することに支障がないという推薦の意味をもつ文書のことである。

る必要がある。「在留資格」とは外国人が日本に在留して活動できるという法的地位を言い、類型ごとに在留資格が定められている（現在27種類。表1参照）。単純労働での在留は認められていない。

この章では、日本との密接な関連性をもつ身分関係や地位に基づいて日本で生活する外国人、具体的には「特別永住者」と中長期在留者のうちで身分や地位に基づく「永住者」「日本人の配偶者等」「永住者の配偶者等」「定住者」の在留資格を有する人について説明する（これらを合わせて「永住者等」と表記する）。「特別永住者」は韓国・朝鮮および台湾の出身者が戦後日本国籍を喪失したことから認められた入管特例法[5]に基づく特別の地位であり、その他は入管法上の在留資格である。

各在留資格を示すと、次のようになる。

「**特別永住者**」：韓国・朝鮮および台湾が日本領であった当時に現在の日本に渡ってきた同地域の出身者で、戦後も残った者とその子孫
「**永住者**」：原則として10年以上日本で居住し今後も継続的に日本で生活の本拠を置いて過ごす者
「**日本人の配偶者等**」：日本人の配偶者[6]と日本人の子（日系2世）
「**永住者の配偶者等**」：永住者の配偶者・子と特別永住者の配偶者
「**定住者**」：日本人の孫（日系3世）、日本人・永住者・定住者の配偶者、永住者・定住者およびその配偶者の未成年の連れ子、日本人との離婚・死別者、難民、中国残留邦人とその配偶者・子[7]等[8]

5　日本国との平和条約に基づき日本の国籍を離脱した者等の出入国管理に関する特例法（入管特例法）。
6　「配偶者」とは、婚姻の相手方である夫ないし妻のことである（民法725条）。
7　中国残留邦人の多くは日本国籍をもっており、「中国残留邦人とその配偶者・子であって、日本国籍をもっていない場合」が該当する。
8　「永住者」と「定住者」は混同されやすいが、「永住者」は期限の定めがなく将来にわたって日本で生活していくことができるが、「定住者」は日本との一定の関係性に基づき在留期限を設けて在留が認められるものである。

永住者等は、他の在留資格と異なり、身分や地位に基づく在留資格で就労に関する制限はないことが特徴である。他方で、外国人として、日本での居住の不安定性、在留制度と基本的人権の保障の関係、立法行政司法への参加、日常生活で直面する問題、教育、社会保障など様々な問題に出会うことになる。永住者等の人権は、社会・個人・家族の関係性や生活が時間の積み重ねで形成されていることに着目すると考えやすい。

1．在留資格の重要性と日本人との違い

外国人は権利として日本に入国することは認められておらず、いったん入国したとしても権利として在留が認められるわけではない。**マクリーン判決**[9]において、「国際慣習法上、国家は外国人を受け入れる義務を負うものではなく、特別の条約がない限り、外国人を自国内に受け入れるかどうか、また、これを受け入れる場合にいかなる条件を付するかを、当該国家が自由に決定することができるものとされて」おり、「憲法第3章の諸規定による基本的人権の保障は、権利の性質上日本国民のみをその対象としていると解されるものを除き、わが国に在留する外国人に対しても等しく及ぶものと解すべき」と述べつつ、「外国人の在留の許否は国の裁量にゆだねられ、わが国に在留する外国人は、憲法上わが国に在留する権利ないし引き続き在留することを要求することができる権利を保障されているものではなく、ただ、出入国管理令（現入管法—引用者）上法務大臣がその裁量により更新を適当と認めるに足りる相当の理由があると判断する場合に限り在留期間の更新を受けることができる地位を与えられているにすぎない」「外国人に対する憲法の基本的人権の保障は、右のような外国人在留制度のわく内で与えられているにすぎない」と判断し、行政や裁判ではその考え方が基本的には踏襲

9　マクリーン判決・最大判1978（昭和53）年10月4日民集32巻7号1223頁。

されてきている。しかし、上記判決に先立つ1967年6月19日最高裁判決の裁判官小林俊三、同入江俊郎の少数意見では、旧来の「国際慣習法上」という前提によりたやすく外国人の入国を憲法の保障外に置くことは、新しき理想を盛ったわが憲法の基本的原理をまったく無視するものといわなければならないことが指摘されていたところであり、また人権も国際法の観点からも保護されるべきものであることを考えると慎重に判断されなければならない。

外国人が日本で在留するためには、基礎になる在留資格ないし地位を有しなければならないが、その有無は、日本での職業、事業や教育などとも密接につながっており、喪失は外国人の生活や人生の根底を覆す。在留期間の徒過や、犯罪などの一定の要件に該当する場合には退去強制となって大きく生活を変えてしまうことになる[10]。

2．個別的な在留資格の説明

以下では、日本人と結婚し日本に定着していくという「日本人配偶者等」から「永住者」または「定住者」へという流れに沿って説明する。「永住者の配偶者等」は「永住者」の項で、「特別永住者」は最後に説明を加える。

（1）日本人の配偶者等

日本人の夫、妻、子に与えられる在留資格である。実務では「日配（にっぱい）」と略称されることも多い。

夫・妻は、法律上の有効な婚姻が成立して日本で届出がなされて戸籍[11]に記載されているものである。日本で婚姻の創設的届出がなされているか、外国方式で婚姻し日本に報告的届出がなされていなければな

10　入管法24条。特別永住者につき、入管特例法22条。

らない[12]。事実婚、同性婚は含まない。離婚した場合には、14日以内に変更の届出をすることになっており、届出を怠ると刑事罰の規定もある[13]。

　子は、実子、特別養子が対象で、普通養子は含まれない[14]。また実務上、日本人の子であることが法律上確認されなければならず、両親が結婚していない場合には認知の手続がなされていなければならない。

　入管実務では原則的に同居をしていることを要件に取り込んでいて、別居していて社会通念上の夫婦共同生活を営むという婚姻の実態を失っている場合には「日本人の配偶者等」の在留資格は付与されない。配偶者としての活動を6か月以上継続して行っていない場合には在留資格取消の対象になる[15]。

　国際結婚数の推移をみると、図1のとおりとなっている。最も多かった2006年まで右肩上がりで結婚全体の6.1％（73万971組中4万4701組）に達しており、この時期を境に急速に減少に転じ、2013年で3.3％（66万613組中2万1488組）になっている。国際結婚数の推移をみると、日本の国際結婚の増減は主として日本人男性と外国人女性の婚姻に依拠している。

　夫婦の一方が外国人夫婦から生まれた子は、1万9532人（全体

11　戸籍には身分事項が、住民票には住所等の事項が記載される。戸籍には附票が存在し、住所の変遷が記載される。
12　国際私法において、夫婦のそれぞれの国において婚姻手続がなされる場合、婚姻の効力が生じる先行する婚姻届出を創設的届出、後で届け出され報告的意味を有するものを報告的届出という。
13　入管法71条の2、3。
14　「普通養子」「特別養子」：普通養子は実親とも養親とも親子関係が維持されるが、特別養子は実親との関係を絶って養親と関係を形成する点と原則6歳未満でなされる点で異なっている。普通養子の縁組については簡単な市町村への届出で足りることや養子の数が限られていないことなどから「日本人の配偶者等」の対象にされていない。ただし、6歳以下の場合「定住者」に該当する。
15　入管法22条の4第1項。「永住者の配偶者等」でも同様である。

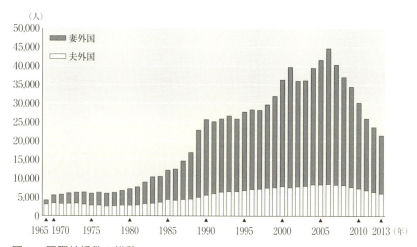

図1　国際結婚数の推移
出所：人口動態統計2013

102万9816人の2%）[16] となっている（外国で出生した者は含まない）。これらの子は、父母両系主義をとる国籍法に基づき、日本国籍を取得している者がほとんどである。日本国籍で外国との関連性をもつ者の存在からみて、外国人の人権を考えるに当たっては、単純に外国籍であることのみに着目すると問題の本質を見誤る可能性がある[17]。

（2）永住者・永住者の配偶者等

「永住者」とは、その生涯を日本に生活の本拠を置いて過ごす者をいう[18]。永住者の在留資格は、在留資格の変更という形をとらず、永住許可という形で付与される。

16　人口動態統計2013。
17　OECD INTERNATIONAL MIGRATION OUTLOOK などにみられるように、外国生まれか否かで統計をとる例もある。欧米では外国生まれの比率が10%台の国が多い。
18　出入国管理実務六法2014。

「永住者の配偶者等」は、永住者・特別永住者の夫、妻、子に与えられる在留資格である。実務上「永配」（えいはい）と呼ばれる。入管法上の「永住者の子」は、日本で出生し引き続き在留している実子に限定されている。

永住許可の要件については、「**永住許可に関するガイドライン**」[19]が公表されている。

ガイドラインでは、①素行が善良であること、②独立生計を営むに足りる資産又は技能を有すること、③その者の永住が日本国の利益に合すると認められること（原則10年以上本邦に在留し、このうち5年間は就労資格又は居住資格をもっていることや刑事罰を受けていないこと、納税義務等公的義務を履行していること等）を要件として、永住を許可するものとしている。

永住許可に至るまでの在留の期間については、①日本人、永住者および特別永住者の配偶者の場合、実態を伴った婚姻生活が3年以上継続し、かつ、引き続き1年以上本邦に在留していること。その実子等の場合は1年以上本邦に継続して在留していること、②「定住者」の在留資格で5年以上継続して本邦に在留していることといった形で、永住資格許可までの期間の緩和が図られている。

長期の在留者は日本国籍を取得する「**帰化**」という選択肢をとることも多い。

永住と帰化を比較すると、素行要件、生計要件などは共通するが、重国籍防止要件、20歳以上で本国法によって能力を要すること、5年以上日本に住所を有すること、日本語能力が問われることなどといった点で異なっている。

帰化数は2004年から2013年まで10年間でみると、総数で13万1077人である。2004年の1万6336人が最高で、2013年の8646人が最小の数字になっており、漸減傾向にある[20]。

19　法務省「永住許可に関するガイドライン」（http://www.moj.go.jp/nyuukokukanri/kouhou/nyukan_nyukan50.html）。

(3) 定住者

定住者は、日本への定着に根差した在留資格である。

入管法の定める在留資格は要件が厳格に定まっていて類型が限定されているものが多いが、「定住者」と「特定活動」の要件は緩やかで多様な類型を含んでいる。定住者は、定住者告示に基づく定型的類型と個別的事情に基づく非定型的類型とに分かれる。

定住者告示では、ミャンマー難民、日系3世、日系2世・日系3世・定住者（1年以上）の各配偶者、日本人・特別永住者・永住者・定住者（1年以上）の扶養を受ける未成年未婚の実子および6歳未満の養子、中国残留邦人およびその関係者が指定されている。

定住者告示外として、日本人等と離婚死別した者（結婚後3年程度は要する）、未成年日本人の子を養育する外国人親[21]、難民や人道上の配慮を要する者などが「定住者」の在留資格を付与されている。

日本人との親族関係に基づいて「日本人の配偶者等」「定住者」を整理すると図2のとおりである。

(4) 特別永住者

韓国・朝鮮[22]および台湾は第2次世界大戦が終了するまで外地として日本領で、同地域の人は日本国籍とされていた。日本は1945年9

---

20 法務省「帰化許可申請数等の推移」（http://www.moj.go.jp/MINJI/toukei_t_minj03.html）。
21 1996年7月30日付法務省入国管理局通達（730通達）。子の国籍を問わず日本人の子である未成年かつ未婚の実子を扶養するため本邦在留を希望する外国人親については、その親子関係、当該外国人が当該実子の親権者であること、現に当該実子を養育、監護していることが確認できれば、「定住者」（1年）への在留資格の変更を許可するということを内容とするものである。在留特別許可の際にも、日本人の子である未成年かつ未婚の実子を扶養することは許可の重要な要素とされている。
22 「韓国・朝鮮」の朝鮮は旧日本領の朝鮮半島全域を指し、現北朝鮮を意味するものではない。

第6章　永住者等の権利

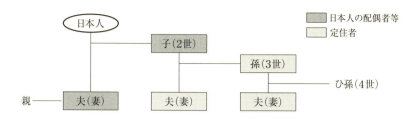

※外国人の夫(妻)の養育している未成年未婚の連れ子は「定住者」である。
※日系4世(ひ孫)は、養育されている未成年未婚の子や個別的判断で認められる場合に限り、「定住者」が付与される。
※外国人の夫(妻)の親については長期在留できる類型的な在留資格はない。

図2　日本人との関係に基づく「日本人の配偶者等」と「定住者」の範囲
出所：筆者作成

月2日にポツダム宣言の履行等を定めた降伏文書（休戦協定）に調印し、1952年4月28日にサンフランシスコ平和条約が発効した。同条約や法律には同地域の人々の国籍喪失に関する直接的な規定はなかったが、実務上この時点で国籍を喪失したものと解された。1991年に施行された入管特例法により、同地域の日本国籍を喪失した者およびその子孫に対し「特別永住者」という地位が定められた。

2014年6月末現在の数は、韓国・朝鮮が36万4人、中国1759人、台湾648人で[23]、韓国・朝鮮と台湾とでは現日本地域への動員等移動の規模で数に差が出ている。現在の特別永住者の国籍は、結婚等の事情により、50カ国以上になっている。

「特別永住者」と入管法上の「永住者」には同じ「永住者」という単語は含まれていて期限の定めがなく日本に居住できる点では共通するも

23　2014年6月末現在。有田芳生参議院議員の質問趣意に対する2014年11月21日答弁。

のの、両者は明白に異なる。「特別永住者」は入管法の「在留資格」の範疇には含まれず、歴史的な経緯を踏まえ、「永住者」を含む入管法上の在留資格とは異なる様々な配慮がなされている。

たとえば、2012年7月に、1947年の外国人登録令から続いた外国人登録が廃止されて、特別永住者には他の外国人に在留カードが発行されているのと異なり特別永住者証明書が発行されている。そして同証明書の常時携帯義務は免除され、みなし再入国の期間も他の外国人より1年長い2年とされ、退去強制事由についても相当程度緩和されている。

「特別永住者」は子孫も対象になっているので、死亡と出生の均衡がとれている限り減少する必然性があるわけではない。しかし実際には、本国への帰国、帰化、女性差別撤廃条約批准に伴う1984年国籍法改正により父母両系主義が採用され在日韓国人と日本人との婚姻によって出生した子どもが日本国籍を取得すること等の事情により、大幅に減少してきている[24]。

ただし、特別永住者であっても、限定的ではあるものの退去強制の対象になりうること、海外に出国して日本に帰国したければ「再入国許可」を取る必要があること、選挙権・被選挙権が与えられないことなど、外国人としての扱いは基本的に変わらない。

3．永住者等の人権における論点

（1）永住者等の三権における制限

これについてもすでに述べてきたところであるが、外国人は永住者等であっても、選挙権・被選挙権が認められていない。衆参両院議員、地方公共団体議会の議員および長を定めた公職選挙法9条および10条で、

---

[24] 1991年69万3050人（外国人全体の57％）から2013年37万3221人（同18％）に減少している。

選挙権・被選挙権ともに「日本国民」であることを要件としており、地方公共団体については地方自治法19条にも同様の要件がある。

その他の公務員についても、「法律上明文の規定がない場合であっても、公務員に関する当然の法理として、公権力の行使または国家意思の形成への参画にたずさわる公務員となるためには、日本国籍を必要とするものと解すべきである」という**当然の法理**を基礎とする考え方で就任が制限されてきている。国家公務員は、人事院規則8-18第9条により、国家公務員採用試験には「日本の国籍を有しない者」に受験資格がないことが規定されているので就任できないが、地方公務員の一般職の一部では国籍条項が撤廃されている。司法では、裁判官や職員に採用されないだけではなく、調停委員や司法委員への就任が拒否されており[25]、この点は弁護士会等からも調停制度・司法委員制度の目的、調停委員・司法委員の役割、職務権限に照らせば、日本の社会制度や文化、そこに住む市民の考え方に精通し、高い人格識見のある人であれば、国籍の有無にかかわらず、役割を果たすことができるので就任を認めるように意見が出されている[26]。

外国人が日本社会の一員として生活している以上、外国人に対しても基本的人権をできる限り保障し、立法、行政、司法への参画の機会が広く得られるようにしていく必要がある。

（2）居住地や就業場所・離婚等の届出義務

日本人の場合には、住民票の異動（転入、転出転居、世帯変更）と戸籍の異動（出生）は14日以内に、戸籍の異動（死亡）は7日以内に、それぞ

---

25 大阪、兵庫、東京、仙台など6弁護士会が2005-2013年度、韓国籍の弁護士延べ30人を裁判所に推薦したが、全員拒まれた（2014年6月14日、毎日新聞）。
26 外国籍調停委員・司法委員の採用を求める意見書（http://www.nichibenren.or.jp/activity/document/opinion/year/2009/090318_6.html）。

れ届出義務を負っており、行政罰として5万円以下の過料に処せられる。

外国人の場合には、居住地の移動について市区町村への届出義務があり、就労に基づく在留資格では就労先について、身分に基づく在留資格では離婚・死別について、それぞれ入管への届出義務がある。ただ、日本人の場合に比べると届出義務違反の罰則は厳しく、無届出で20万円以下の罰金に、虚偽届出で1年以下の懲役又は20万円以下の罰金に処せられる[27]。加えて、虚偽届出等で懲役に科せられると退去強制事由に該当することになる。それだけではなく、永住者を含む中長期在留者が届出住居地から退去後90日以内に新住居地の届出をしないときは、正当な事由がないと在留資格の取消しとなる。居住地の届出をしないことについてはDV等の理由があることも少なくなく、本人が十分なコミュニケーションがとれないまま取消しに至る危惧もある。また、外国人の場合には刑罰法規まで科せられている点で処罰が重すぎるきらいがあり、住居地の届出を怠ると永住者でも在留資格が取り消されるのは厳しすぎる。

(3) 外国人家族の呼び寄せ

日本に居住する外国人にとっても、実親、前妻との子、兄弟などの家族との交流を求めることは自然な情である。

しかしながら、在留資格として存在するのは、日本人と結婚している外国人の未成年の監護養育している子に「定住者」の在留資格が与えられるにすぎない。成人した外国人の子に与える在留資格は、扶養されている子の「家族滞在」を除き、予定されていない。親は、90日を限度に与えられる「短期滞在」で対応し、やむをえない事情がある場合に更新できるにすぎない。

この点は、直系血族に扶養義務を定めている民法上の扶養義務と比較

---

27 入管法70条の2・同3。

すると、入管法上の親族の入国在留は極めて制限されている。伝統的な家の観念からいえば親との関係が重視されるが、在留資格の場合には親は短期滞在の範疇に組み入れられていて、身近で扶養できないだけではなく、在日外国人の出産時や病気の場合にすら対応できないこともある。親の呼び寄せについては、出身国に扶養できる親族がいないケース等個別的判断で、限定的に「定住者」として長期の在留が認められているにすぎない。

なお、高度な知識や技術をもつ研究者、技術者や大学教授、企業経営者等の「高度専門職」[28] では、妊娠中または7歳未満の子を養育するために、親を呼び寄せることができることになっている[29]。7歳以上の未成年の子の養育より広げていくべきではないか、高度専門職だけではなく、永住者、日本人や永住者の配偶者、定住者の場合にも、本国家族の協力が得られるよう親の入国を認めていくべきではないかを検討すべきである。

(4) 婚姻形態の多様化（内縁関係や同性パートナー）

国民年金法や健康保険法では内縁関係でも適用がされるが[30][31]、在留資格の場面ではこのような特別法がなく、実務上民法における配偶者の規定および婚姻の効力を定めた法の適用に関する通則法25条に基づき在留資格が認められないものと解されている。内縁関係も一般化している国も増えてきているなかでこれへの対応も迫られている。

同性パートナーについても同様な問題がある。同性パートナーについては、米国領事の同性パートナーに在留が認められた例があり、米軍

28　入管法・別表第1。
29　高度人材在留指針。
30　国民年金法5条6項に、「配偶者」、「夫」および「妻」には、婚姻の届出をしていないが、事実上婚姻関係と同様の事情にある者を含むものと規定されている。
31　健康保険法3条7項1号。

等にも認められている[32]。その他の同姓婚の配偶者は、外国で有効に成立した婚姻であっても「配偶者」に当たらないとされるが、諸外国における同性婚にかかる法整備の実情等を踏まえ、また、本国で同性婚をしている者について、その者が本国と同様に我が国においても安定的に生活できるように人道的観点から配慮し、同性婚による配偶者については原則として「特定活動」による入国・在留を認めるとのことであり[33]、2015年1月までに10例ほどの実例がある[34]。

（5）生活保護

詳細は、社会的権利の章で扱ったが、生活保護の受給資格を永住者等に制限する実務があり、2014年7月18日最高裁判決は、永住者の在留資格を有する外国人について「日本国民」と規定している生活保護法に基づく保護が及ばないとした。ただ、同判決は、永住者等の定住外国人に対し、行政措置による保護を実施することを否定したものではない。

これに対しては、外国人に対する生活保護の濫用事例などを前提に、外国人全般に対する生活保護を制約すべきという意見もある。

しかし、健康で文化的な生活を営む生存権を保障する憲法25条、個人の尊厳原理に立脚する憲法13条、すべての者に自己および家族のための相当な生活水準についての権利を認め、締約国にこの実現を確保するための適当な措置を求めている社会権規約11条等に照らせば、外国人に対しても、できる限り日本国民と同様の保障を及ぼすべきである。

日弁連も同月25日に国および地方自治体に対し、今後も、貧困に陥

---

[32] 日米安保条約により駐留している在日アメリカ軍・軍属の同性婚のパートナーに、『配偶者』と認め、ビザなしで日本に入国できることを日本政府が認め、適用がはじまっている（2013年12月29日、読売新聞朝刊）。
[33] 2013年10月18日法務省入国管理局入国在留課長「同性婚の配偶者に対する入国・在留審査について」（通知）。
[34] 福島みずほ参議院議員ホームページ（2015年2月9日）。

り、自力では生活できない定住外国人に対する生活保護の措置を行うこと、および、生活保護法をはじめとする法令の改正により、外国人を含むすべての人を生存権の享有主体として明記することを要望する旨の会長談話を発表している。

(6) 教育現場における健康診断

　永住者等に当たる外国人でも、外国人学校への通学が散見される。これは、生活習慣上の違いや言葉の問題などでの日本の学校への不適合や教育方針の相違などによっている。日本国内の学校では健康診断が受けられるが、学校教育基本法1条に規定する1条校や各種学校に当たる外国人学校以外は民間の教育施設（私塾）として扱われ、助成がなされていない。たとえば、愛知県下には2013年5月現在12校のブラジル人学校があり、ブラジル人児童生徒1147名が通学しているが、健康診断が十分とはいえない[35]。

　行政は、「公金その他の公の財産は、宗教上の組織若しくは団体の使用、便益若しくは維持のため、又は公の支配に属しない慈善、教育若しくは博愛の事業に対し、これを支出し、又はその利用に供してはならない」とする憲法89条を理由として外国人学校に関連する支出にはためらいがあるようである。しかし、児童の権利に関する条約でも児童が到達可能な最高水準の健康を享受することは児童の権利であって、締結国である日本はそのために適当な措置をとることになっているし、社会権規約においても、同様の責務を負っている。健康診断は本人の問題だけではなく、感染予防の観点も無視できない。

　加えて、外国人労働者受入れ政策を前向きに考えているなかで、外国人労働者の家族の健康が守られ安心できることはこうした政策を支える基盤となっている。

35　愛知県地域振興部国際課多文化共生推進室の調査。

上記の諸点からみて、児童を対象とする健康診断に関連する支出を教育の事業に対する支出とみて健康診断の実施をためらうことには疑問がある。

健康診断は、外国籍を含めたすべての児童生徒や職員の健康増進を図るという意味でも重要であり、しかも感染症の予防という日本社会全体にとっても安全な環境を提供する意味をもっているものである。

（7）賃貸借、入店、入浴、銀行取引などの日常生活

賃貸借契約において外国人が差別される例は相当数あり[36]、また外国人の入店拒否や[37]、入浴拒否の事案もある[38]。

住宅ローンに関しても、永住資格のない外国人の場合には制限がかかることがある。東京高裁2002年8月29日判決では、「永住資格のない外国人は在留期間経過後は、日本に在留できるかどうかは不確実な法的地位にある」と指摘し「住宅ローンは採算性が低く金融機関はコストを抑える必要があるが、もし貸し付け対象者が国外退去すれば、その回収に多大なコストがかかる」として、個人の平等を定めた憲法14条1項および自由権規約26条違反を認めなかった。

銀行の口座開設については、銀行によって取扱いが異なるが、確認書類が在留カードや特別永住者証明書に限定されて在留期間も1年以上の外国人に限るなどのように定められているケースが多い。永住者等の場合には在留期間が6か月の場合もあるので、たとえば来日直後の日本人の配偶者の銀行口座の開設が制限されることもあり得る。

36　1993（平成5）年6月18日大阪地裁判決、2003（平成15）年7月16日東京高裁判決、2006（平成18）年1月24日神戸地裁判決、2007（平成19）年10月2日京都地裁判決など。

37　1999（平成11）年10月12日静岡地裁浜松支部判決。

38　2002（平成14）年11月11日札幌地裁判決、2004（平成16）年9月16日札幌高裁判決（最高裁上告棄却で確定）。

さらに、マネー・ローンダリングおよびテロ資金供与を防止するため、「犯罪による収益の移転防止に関する法律（犯罪収益移転防止法）」に基づき氏名、住居および生年月日等の確認などが金融機関に義務づけられている関係で、外国人の口座開設に制約的になってきている。

また、日本語ができない場合には、証券取引、生命保険加入等説明を要する取引などでは取引ができない場合もみられる。こうした点についても、外国人が日常生活が制約されない方策を確保することが求められる。

（8）国民健康保険の加入と扶養

永住者等の場合には、社会保障協定等で適用除外になる場合を除いて、住民基本台帳法の適用を受ける外国人（中長期在留者、特別永住者）に該当し、社会保険や国民健康保険に加入することになる。社会保障協定については、二重加入防止と年金加入期間の通算がなされる。2015年1月現在、米国・韓国・ブラジル等15カ国と協定が発効済みで、締結国が増加していくことが見込まれている[39]。

永住者等の配偶者、子、孫および弟妹、父母、祖父母などの直系尊属は、海外に居住している場合でも、被扶養者の収入等の要件を満たせば、海外居住の場合でも被扶養者となり得る。

国境を超えて生活する家族が増えてきている現状において、どのように調整していくかという課題も懸案になっている。

（9）税務上の扶養控除

親族を養う場合の扶養控除については、①配偶者以外の親族（6親等内の血族または3親等内の姻族）等であること、②納税者と生計を一にして

39　厚生労働省ホームページ「海外で働かれている皆様へ（社会保障協定）」、日本年金機構ホームページ「社会保障協定」。

いること、③年間合計所得金額（控除対象扶養親族が所得税法上の非居住者である場合は国内での合計所得額）が38万円以下であること、④16歳以上であることなどの要件を満たせば、海外在住の親族の場合でも扶養控除が認められてきていた。そして、②の要件は、起居を共にしていない場合でも、常に生活費の送金が行われているときなども含むと解されてきた。

2014年の会計検査院の調査によると、扶養控除の申告額が300万円以上の者の90％に国外扶養家族が確認されたが、確認手段がないことなどから公平ではないとして、制度の見直しの検討が求められている状態にある[40]。

複数の国をまたがって親族関係が生じる場合の税務関係については、国際移民が増加して顕在化した問題であり、今後の調整を要するものである。

(10) 通称名

2012年に廃止された外国人登録では、入管局長の「外国人登録事務取扱要領」で「外国人の社会生活上の利便性を考慮し」外国人登録原票の記入に際し、本名に加え通称を併記することを認めていた。

外国人登録制度が廃止されて、外国人も住民票が作成されるようになったが、「政令で定める事項」[41]の一として、外国人は氏名（本名）による住民票に、通称を併記登録することができることとされた[42]。

外国人登録証明書には通称名の記載がされていたが、在留カードや特別永住者証明書には通称名は記載されず、住民基本台帳カードや運転免許証に記載されることになった。

---

40 日本国外に居住する控除対象扶養親族に係る扶養控除の適用状況について
（http://www.jbaudit.go.jp/report/new/summary25/pdf/fy25_tokutei_02.pdf）。
41 改正後住民基本台帳法第7条第14号。
42 同法施行令第30条の25第1号。

(11) 多文化共生とアイデンティティ

　外国人への日本語教育の充実や料理教室的な国際交流の施策を行うだけではなく、相談体制の強化、外国人側の文化等の理解を促進する真の交流、母国語での情報提供なども必要である[43]。教育の場でも、母語・母国語等の教育の機会や、民族学校、外国人学校を含む多様な教育の機会を制度的に保障していかなければならない。

　特に多文化共生を行うためには情報アクセスを用意するとともに、外国人側の言語や文化によってアイデンティティが確立できるように支える必要があり、そのためには受入れ社会の側でもその理解が不可欠である。

　日本社会に外国人に対し、日本人同様個人に連なる家族や文化を尊重していく姿勢、そして出身社会や日本社会での生活の中で培ってきたものに対する配慮が求められている。

● 参考文献

出入国管理法令研究会編『注解・判例 出入国管理実務六法〔平成27年版〕』（日本加除出版、2014年）
　〈入管関連の法規が記載され、入国管理局の実務運用の注解がなされている。〉
山脇康嗣編『詳説 入管法の実務——入管法令・内部審査基準・実務運用・裁判例』（新日本法規、2010年）
　〈入管法の実務について、内部審査基準、実務運用、裁判例を引きながら詳細に解説されている。〉

43　たとえば、賽漢卓娜『国際移動時代の国際結婚——日本の農村に嫁いだ中国人女性』（勁草書房、2011年）を参照。

第7章

その他の正規滞在者の権利

難波　満

はじめに

本章では、永住者等以外のその他の正規滞在者、すなわち、入管法の**別表第1**に定める在留資格を有する者の権利について検討する。

別表第1の在留資格は23種類にわたっているが、平成25年末現在の在留資格別外国人数によれば、別表第1の在留資格では「留学」が最も多く（19万3073人）、次いで多いのが「技能実習生」であり（15万5206人）、「家族滞在」（12万2155人）、「人文知識・国際業務」（7万2319人）、「技術」（4万3038人）、「技能」（3万3425人）、「特定活動」（2万2673人）、「企業内転勤」（1万5218人）、「投資・経営」（1万3439人）、「教育」（1万76人）がこれに続いている（第6章表1参照）[1]。

別表第1の在留資格は、日本での「身分又は地位」に基づく別表第2の在留資格とは異なり、日本で行う一定の「活動」に基づく在留資格と

1　法務省「平成25年末現在における在留外国人数について（確定値）」（2014年3月20日）。ただし、日本に短期滞在して行う観光等の活動を目的とする「短期滞在」の在留資格を有する者については、原則として本章の検討の対象から除くものとする。

されている。これらの在留資格は、**就労活動**が予定されているか否か、日本の産業および国民生活に与える影響その他の事情を勘案して法務省令で定める基準に適合することを求められるか否かによってさらに5つの表に分類されている。

このように、別表第1の正規滞在者の在留資格をどのように定めるか、すなわち、どのような活動を行う外国人をその他の正規滞在者として受け入れるかは、その就労等の活動による日本の経済、産業や国民生活等への影響を踏まえた入国管理政策上の基本方針に依拠することになる。

日本は、従前から、専門的または技術的な分野の職業活動に従事する外国人は受け入れる一方、いわゆる**非熟練労働**を行う外国人の入国・在留は認めない方針であるとされてきた[2]。しかし、実際には、技能実習制度が実質的に中小企業における低賃金労働者の受入れのための制度となっていると指摘されている[3]。

さらに、近時は、日本の成長戦略における外国人受入れの議論の高まりを受け、いわゆる高度外国人材の受入れのための制度が整備される一方、2020年オリンピック・パラリンピック東京大会における建設需要の増大等に対応するための建設分野における外国人材の活用に係る緊急措置などが実施されている。

以下では、まず、その他の正規滞在者に共通する問題点として、入国・在留管理システムとその他の正規滞在者の権利保障上の問題点について検討する。これに続き、個別の権利保障上の問題点について、技能実習生および高度外国人材の権利を取り上げて検討することにしたい。

---

2 坂中英徳・齋藤利男『出入国管理及び難民認定法逐条解説〔改訂第4版〕』(日本加除出版、2012年) 74頁。
3 日本弁護士連合会「外国人技能実習制度の廃止に向けての提言」(2011年4月15日) 10頁。

1. 入国・在留管理システムとその他の正規滞在者の権利保障上の問題点について

外国人の権利保障をめぐっては、いわゆる権利性質説が議論の前提となっている現在の状況において、**入国・在留管理システム**との関係が問題となっている[4]。いわゆるマクリーン事件最高裁判決は、基本的人権の保障は「権利の性質上日本国民のみをその対象としていると解されるものを除き、日本に在留する外国人に対しても等しく及ぶ」とする一方、外国人に対する基本的人権の保障は「外国人在留制度の枠内で与えられるにすぎない」とした[5]。このような入国・在留管理システムとの関係は、特に日本で行う活動が一定の範囲に制限されている別表第1の在留資格において問題となる。以下では、その他の正規滞在者の権利保障上の問題点として、入国・在留管理システムとの関係を中心にみることにする[6]。

(1) その他の正規滞在者の経済的権利との関係について

その他の正規滞在者の経済的権利は、入国・在留管理システムの根幹である在留資格制度との関係で問題となる。入管法は、外国人がその他の正規滞在者として日本に上陸するためには、日本で行おうとする活動

---

[4] 参照、安念潤司「『外国人の人権』再考」樋口陽一・高橋和之編『現代立憲主義の展開──芦部信喜先生古稀祝賀〈上〉』(有斐閣、1993年) 177頁、日比野勤「外国人の人権 (1)」『法学教室』210号 (1998年) 35頁。
[5] 最大判1978 (昭和53) 年10月4日民集32巻7号1223頁。
[6] 入国・在留管理システムについては、入管法をはじめとする入管関係法令によって具体的に定められている。本章で取り扱う別表第1の在留資格を含め、入管関係法令を詳細に解説したものとして、参照、坂中・齋藤前掲書、山脇康嗣編『詳説入管法の実務──入管法令・内部審査基準・実務運用・裁判例』(新日本法規、2010年)、児玉晃一・関聡介・難波満編著『コンメンタール 出入国管理及び難民認定法2012』(現代人文社、2012年) 等。

が別表第1の在留資格のいずれかに該当することが必要となるほか（在留資格該当性）、別表第1の2の表および4の表ならびに5の表の一部の活動に関する場合は、上陸許可基準に適合することが必要となるとする（上陸基準適合性）（入管法7条1項2号）。

そして、その他の正規滞在者が上陸許可を受けた場合は、別表第1の在留資格のうち単一の在留資格を付与され（**一在留一在留資格**の原則）、定められた在留期間日本に在留することになり、当該在留資格に対応した活動のほか、非就労活動を制限なく行うことができることになる。もっとも、**資格外活動**の許可を受けた場合を除き、当該在留資格に対応しない就労活動をしてはならないとされ（同法19条）、これに違反した場合には刑罰の適用を受けるほか（同法73条、70条1項4号）、資格外活動を「専ら」行っていた場合には退去強制の対象となる（同法24条4号イ）。

このように、その他の正規滞在者については、日本の経済等への影響を踏まえて入国管理政策上の観点から別表第1の在留資格が定められていることを受け、「個人が、断片化されいわば輪切りにされた特定領域の経済活動の遂行だけを許されるシステム」となっており、付与された在留資格に対応しない就労等の経済活動を行うことが著しく制限されている[7]。このことは、在留資格該当性や資格外活動の解釈適用が問題となった近時の裁判例においても顕著に現れている[8]。

（2）その他の正規滞在者の社会的権利との関係について

次に、その他の正規滞在者の社会的権利についてみるに、就労活動を行う在留資格を有する者で被用者である場合は、健康保険や厚生年金保険といったいわゆる被用者保険が適用されることになる。それ以外の非就労活動を行う在留資格を有する者の場合においても、1981年の難民の地位に関する条約の批准に伴う社会保障関係法令の改正によっていわ

7　安念前掲書、172頁。

ゆる国籍条項が撤廃されたことを受け、国民健康保険や国民年金が適用されることになる。このように、医療や年金といった社会保障制度については、その他の正規滞在者についても、永住者等と同様に、入国・在留管理システムとは必ずしも関係なくその権利が法令によって保障されているようにみえる。

　これに対し、生活保護については、法律上は適用の対象が国民とされているものの、従前はその他の正規滞在者に対しても準用が認められてきた。しかし、1990年2月に厚生省（当時）が生活保護法の準用を別表第2の在留資格を有する外国人に限るという口頭指示を行ったことを受け、別表第1の在留資格を有する外国人は生活保護の対象から除外されている。その理由としては、その他の正規滞在者は就労が制限されていることから、稼働能力の活用が不可能であって資産調査も困難であり、いわゆる補足性の原理が適用できないことが挙げられている。このように、入国・在留管理システムは、その他の正規滞在者の公的扶助に影響を与えており、その結果、くも膜下出血で倒れた留学生に対する生活保護の運用をめぐる裁判例も現れることになった[9]。

（3）その他の正規滞在者の表現の自由等との関係について

　その他の正規滞在者の市民的権利について、在留資格制度との関係か

8　在留資格「技能」で在留しインド料理店で稼働していた原告について、「技能」の在留資格においては従属的な立場で事業に従事することが必要であり、インド料理店の店舗の経営は在留資格「技能」が想定している活動を超えるとし、「技能」の在留資格該当性が認められないとした裁判例として、名古屋地判2005（平成17）年2月17日判タ1209号101頁がある。また、東京地判2006（平成18）年8月30日判タ1305号106頁は、在留資格「留学」で在留し大学に通学していた原告が、ホステスとしてアルバイトしていたことを理由に資格外活動に違反して「報酬を受ける活動を専ら行っている」として退去強制令書発付処分を受けた事案において、具体的事実を認定した上、本来の在留資格である「留学」による活動が実質的に変更したとはいえないとし、同処分を取り消した。

らすれば、その活動が当該在留資格に対応しない就労活動にわたらない限り保障されるはずである。しかし、マクリーン事件最高裁判決においては、表現の自由と在留期間の更新との関係が問題となった。入管法は、その他の正規滞在者が在留資格を変更することなく在留期間の更新を受けようとする場合には、在留期間の更新を適当と認めるに足りる相当の理由が必要であるとしているが(**相当性**)(入管法21条)、同判決は、法務大臣が在留期間の更新の拒否を判断するに当たっては、「申請者の申請事由の当否のみならず、当該外国人の在留中の一切の行状、国内の政治・経済・社会等の諸事情、国際情勢、外交関係、国際礼譲など諸般の事情」を斟酌するものとし、その広汎な裁量権の範囲を前提とした上で、政治的な表現活動を消極的な事情として斟酌したとしても裁量権の範囲を逸脱又は濫用したものとはいえないとした。

　もっとも、近時の法務省入国管理局の「**在留資格の変更、在留期間の更新許可のガイドライン**」によれば、この相当性の判断の代表的な考慮要素として、①素行が不良でないこと、②独立の生計を営むに足りる資産又は技能を有すること、③雇用・労働条件が適正であること、④納税義務を履行していること、⑤入管法に定める届出等の義務を履行していることが示されている[10]。そして、この素行が良好でないことの具体的な内容としては、退去強制事由に準ずるような刑事処分を受けたことな

9　神戸地判1995(平成7)年6月19日判例自治139号158頁は、スリランカ人留学生がくも膜下出血で倒れ入院して手術を受け、生活保護法に基づく医療扶助を申請したところ、市は全額を支出したが、厚生省が生活保護の対象とならないとの見解を示したため、市が国庫負担分の請求をしなかったことから、住民が国に対して市に代位して国庫負担分の請求を求める住民訴訟を提起した事案である。同判決は、外国人は生活保護法によって具体的な権利を享有していると解することはできないとしたが、傍論において、憲法ならびに社会権規約および自由権規約等の趣旨に鑑み、法律をもって外国人の生存権に関するなんらかの措置を講じるのが望ましいとし、特に、重大な傷病への緊急治療はこのことが強く妥当するとした。

どが挙げられている。しかし、特に、別表第1の在留資格の場合は、起訴猶予とされた場合や罰金に処せられた場合などの事案であっても、在留状況に問題があるとして更新が不許可とされた事例が公表されており[11]、その他の正規滞在者の居住の権利との関係が問題となり得る。

(4) その他の正規滞在者のプライバシーまたは自己情報コントロールの権利との関係について

　別表第1の在留資格が日本で行う活動の内容に基づくものであることからすれば、その他の正規滞在者のプライバシーまたは自己情報コントロールの権利は入国・在留管理システムとの関係で本質的に問題となる。しかし、2006年および2009年の入管法改正による新しい入国管理制度および在留管理制度は、このような問題の状況をさらに増幅させている。

　新しい入国管理制度は、16歳以上の外国人に対し、原則として上陸審査時に指紋情報・顔画像といった**生体情報**の提供を義務づけており（入管法6条3項）、また、照合の結果として外国人が上陸を許可された場合も、入国管理局は生体情報を電子情報として保管し、外国人の在留管理や犯罪捜査に関し利用することとされている。外国人指紋押捺制度最高裁判決は、みだりに指紋の押捺を強制されない自由は日本に在留する外国人にも等しく及ぶとしているが[12]、いわゆるテロ対策を目的として照合のために生体情報の提供を義務づけるのみならず、これを電子情報のデータベースとして蓄積して外国人の在留管理や犯罪捜査に関して利

10　法務省入国管理局「在留資格の変更、在留期間の更新許可のガイドライン（改正）」（2008年3月策定、2009年3月・2010年3月・2012年7月改正）。もっとも、このガイドラインは、これらの代表的な考慮要素をすべて満たす場合であっても、総合的に考慮した結果、更新を許可しないこともあるとしている。
11　法務省入国管理局「在留期間の更新許可申請及び在留資格の変更許可申請における不許可事例について」（2007年11月）。
12　最判1995（平成7）年12月15日刑集49巻10号842頁。

用する新しい入国管理制度が、入国・在留管理システムの一環として許容されるかには相当の疑問がある。

また、新しい在留管理制度は、外登法を廃止し、従前、法務大臣と市区町村の長とで二重に把握・管理されていた外国人の在留情報を入管法に集約・一元化して新たな制度として再構築したものである。この制度のもと、日本に中長期間在留する外国人（**中長期在留者**）は新たに**在留カード**の交付を受けるほか、その他の正規滞在者は留学先、勤務先等の所属機関の事項の変更を法務大臣に届け出るものとされ、法務大臣は所属機関から外国人に関する情報の提供を受けるとともに、関係行政機関は外国人に関する情報を相互に照会・提供できるものとしている[13]。新しい在留管理制度は、すべての外国人を対象として上記のような包括的かつ広汎な個人情報の集約・一元化を行うものであるが、入国・在留管理システムであることを理由にこのような個人情報の管理・利用等まで許容されるかには問題がある。

2．その他の正規滞在者における個別の権利保障上の問題点

すでに述べたとおり、その他の正規滞在者の在留資格をどのように定めるかは、日本の経済、産業や国民生活等への影響を踏まえた入国管理政策上の基本方針に依拠している。このことは、同じく別表第1の在留資格であっても、入国管理政策上の観点からその権利保障、特に経済的

13　いわゆる住基ネットに関する最判 2008（平成 20）年 3 月 6 日民集 62 巻 3 号 665 頁は、「何人も、個人に関する情報をみだりに第三者に開示又は公表されない自由を有する」とした上、住基ネットにおける本人確認情報の秘匿性の程度が高いとはいえないこと、本人確認情報の管理・利用等が法令等の根拠に基づき正当な行政目的の範囲内で行われていること、本人確認情報の適切な取扱いを担保するための制度的措置を講じていることなどを理由に上記の自由を侵害するものではないとしている。

権利の保障の程度に著しい差異が生じ得ることを意味することになる。このような別表第1の在留資格の特徴が最も顕著に現れるのが**技能実習制度**と**高度外国人材受入れ制度**であることから、以下においては、これらの制度について、その権利保障の状況を比較しながら検討することにしたい。

（1）技能実習制度

　外国人研修・技能実習制度は、主に開発途上国からの労働者を一定期間日本の産業界に受け入れ、産業上の技術・技能・知識の修得を支援して人材育成を行うことを目的として設けられた制度である。2009 年の改正前の入管法のもとにおいては、外国人は、労働関係法令の適用のない「研修」の在留資格で上陸し、研修先の企業等において研修を受けた後、「特定活動」の在留資格に変更した上で、企業等との間で雇用契約を締結して技能実習を行っていた。また、この制度においては、本国の送出し機関で募集された技能実習生を協同組合などの中小企業団体等（第一次受入れ機関）が受け入れて管理等を行い、第一次受入れ機関の構成員である中小企業等（第二次受入れ機関）が技能実習を行う団体監理型が圧倒的多数を占めていた。

　このような外国人研修・技能実習制度については、研修生・技能実習生が最低賃金を下回る労働者として長時間労働を強いられたり、旅券・預金通帳等が取り上げられて賃金の一部を強制的に管理させられたりするなどの人権侵害行為が横行しているにもかかわらず、研修生・技能実習生の保護が著しく不十分であるといった問題点が指摘されていた[14]。これを受け、外国人研修・技能実習制度は、2009 年の入管法改正により、実務作業を伴わない非実務のみの研修や公的性格が認められる研修を除き、実習実施機関との雇用契約を前提とする「技能実習」の在留資格のもとでの技能実習制度に一本化された。これにより、技能実習生に対しては、従前の制度とは異なり、入国した当初から労働関係法令が適用さ

れることになっている。

　しかし、技能実習制度については、そもそも、技術の修得を通じた開発途上国に対する技術の移転という目的と、非熟練労働の労働力不足を解消するために利用されているという実態との乖離が甚だしいことから、労働者の保護という観点からの制度を設計することが困難であるという問題点が指摘されている。具体的には、技能実習生は特定の受入れ機関を前提とした上で「技能実習」の在留資格が付与されることから、原則として**職場移転の自由**がなく、構造的に受入れ機関と技能実習生との間で非対称的な支配従属関係を生じさせていることや、送出し機関の規制の困難性、監理団体による監視機能の弱体性が挙げられている。実際に、2009年の入管法改正以降の技能実習制度のもとでも、賃金未払いや残業代未払い、通帳・旅券等の取上げや強制貯金、管理費の不当な徴収、送出し機関による保証金の徴収または約束、不十分な安全対策による労災事故、パワハラやセクハラ、強制帰国などの多くの問題のある事例が発生しているとされている[15]。

14　参照、自由権規約委員会「第5回日本政府報告書審査における総括所見」24項（2008年10月）等。熊本地判2010（平成22）年1月29日判時2083号43頁は、2009年の入管法改正前の外国人研修・技能実習制度により中国から来日した原告らが、第二次受入れ機関である縫製会社から旅券・預金通帳等を取り上げられ、強制的に管理されたり、最低賃金法を大きく下回る賃金で極めて長時間に及ぶ過酷な労働を強いられたりしたとして、第二次受入れ機関および第一次受入れ機関等に対し、不法行為に基づく損害賠償および未払賃金等の支払を求めた事案である。同判決は、研修生について実態として使用従属関係があるとして労働基準法および最低賃金法の適用を認めるとともに、第二次受入れ機関については旅券・預金通帳等の強制管理、長時間の過酷な労働の強制等の一連の行為につき、第一次受入れ機関については第二次受入れ機関に対する監査・指導の懈怠につき、原告らに対する不法行為責任を認めた。

15　参照、日本弁護士連合会「外国人技能実習制度の早急な廃止を求める意見書」4頁以下（2013年6月20日）。

（2）高度外国人材受入れ制度

　高度外国人材受入れ制度は、日本の経済社会における新たな活力の創造や国際競争力の強化等に大きく寄与するという観点から、特に高度の知識・技術等を有する高度人材を積極的に受け入れるための制度であり、2012年5月から**高度人材ポイント制**として施行されてきた。高度人材ポイント制は、外国人が行う活動内容を「高度学術研究活動」「高度専門・技術活動」「高度経営・管理活動」の3つの類型に分類した上で、「学歴」「職歴」「年収」等の評価項目ごとにポイントを設け、ポイントの合計が一定点数に達した場合に、出入国管理上の**優遇措置**を講じようとするものである。このような優遇措置の象徴的なものが、在留資格制度の根源的な原則とされてきた一在留一在留資格の原則の例外である複合的な在留資格の許容であるということができる[16]。

　もっとも、高度人材ポイント制については、その運用開始から11か月間に高度人材として認定を受けた者の数が434人にとどまったことなどを受け、約1年を経過したばかりで見直しがされるに至り、年収要件等、報酬の範囲、ボーナス・ポイントに関する見直しが実施された[17]。その後、2014年の入管法改正により、高度人材の受入れの促進を図るためとして、新たに「**高度専門職**」の在留資格が創設されるに至っている。この在留資格のもとでは、高度人材と認定された外国人に最初に付与される在留資格を「高度専門職1号」とし、高度人材ポイント制と同様の制度となるが、一定期間在留した場合は「高度専門職2号」の在留資格が付与され、無期限の在留が認められるとともに、他の在留資格に基づいて認められる就労活動のほぼすべてを認めることとされている。

16　その他の優遇措置としては、在留歴に係る永住許可要件の緩和、高度人材の配偶者の就労、高度人材の親の帯同の許容、家事使用人の帯同の許容がある。

17　第6次出入国管理政策懇談会・外国人受入れ制度検討分科会「高度人材に対するポイント制による出入国管理上の優遇措置の見直しに関する検討結果（報告）」2頁以下（2013年5月）。

このような高度外国人材受入れ制度については、そもそも、出入国管理上の優遇措置を付与することにより、どれだけ受入れを促進する効果があるのかという問題点が指摘されており、高度人材ポイント制の見直しの議論においても、「社会保障、子どもの教育、医療等の改善も含めて対応する必要がある」という意見や、「職場環境や生活など日本が高度人材外国人の定住先として選ばれない要因を分析する必要がある」という意見が述べられている[18]。しかし、より根本的な問題点としては、日本が専門的または技術的な分野の職業活動に従事する外国人のみを受け入れるという基本方針を維持し続ける一方、外国人が、高度人材であると非熟練労働者であるとを問わず、それぞれの民族的・文化的な背景を有しながらコミュニティにおいて生活する者であるという観点が看過されてきたことが挙げられる。そうとすれば、高度外国人材に対してのみ出入国管理上の優遇措置を付与しようとする議論には、おのずから限界があるものといわざるを得ない[19]。

おわりに

以上にみてきたように、その他の正規滞在者の権利は、日本の経済、産業や国民生活等への影響を踏まえた入国管理政策や、入国・在留管理システムによって大きく左右されることになる。しかし、このような政策やシステムによって外国人の活動が断片化される制度のもとにおいて、

---

18 第6次出入国管理政策懇談会・外国人受入れ制度検討分科会前掲、4頁。
19 このような観点からすれば、第6次出入国管理政策懇談会・外国人受入れ制度検討分科会前掲、9頁で述べられている「高度人材受入促進基本法」の制定にも同様に限界があることになる。真に外国人高度人材の受入れを促進するというのであれば、外国人の人権の保障や外国人に対する差別を禁止する基本法こそが早急に制定されるべきであると思われる。参照、日本弁護士連合会「多民族・多文化の共生する社会の構築と外国人・民族的少数者の人権基本法の制定を求める宣言」(2004年10月8日)。

それぞれの民族的・文化的な差異を尊重する多民族・多文化の共生する社会を実現するためには、それぞれの個人の人格の尊重に基礎をおく人権からのアプローチが必要不可欠である。このことは、特に、外国人受入れの議論の高まっている現在において求められているということができよう。

●参考文献

坂中英徳・齋藤利男『出入国管理及び難民認定法逐条解説〔改訂第4版〕』(日本加除出版、2012年)
　〈入国管理当局の法律解釈および実務運用をベースに入管法の体系的な解説を行っている。〉
山脇康嗣編著『詳説 入管法の実務──入管法令・内部審査基準・実務運用・裁判例』(新日本法規、2010年)
　〈入管関係法令、内部審査基準、実務運用および裁判例を踏まえ、入管実務を詳細に説明している。〉
児玉晃一・関聡介・難波満編著『コンメンタール 出入国管理及び難民認定法2012』(現代人文社、2012年)
　〈憲法や国際人権法等に基づき外国人の人権の観点から入管法の体系的な解説を行っている。〉

第8章

非正規滞在者の権利

関　聡介

はじめに

（1）「非正規滞在者」とは

「非正規滞在者」は、法令上の用語ではないが、在留資格を有しない状態で日本に滞在する**外国人**（日本国籍を有しない外国籍者と無国籍者[1]）を指す用語として広く一般に使われている。

行政実務上は、むしろ**「不法滞在者」**という用語が多用されているが、在留資格を現に認められていない（ように見える）外国人であっても、その状態は一義的には「適法」か「違法」か判断しがたい場合も多く[2]、また「不法」というレッテルを貼られた当事者は、それだけでも社会の

1　出入国管理及び難民認定法〈入管法〉2条（定義）
　　出入国管理及び難民認定法及びこれに基づく命令において、次の各号に掲げる用語の意義は、それぞれ当該各号に定めるところによる。
　　　2号　外国人　日本の国籍を有しない者をいう。
2　近い将来に難民認定（入管法61条の2）や在留特別許可（入管法50条1項、61条の2の2）を受けて、正規在留者（中長期在留者）となる例も少なくない。それどころか、国籍法3条違憲大法廷判決の事案のように、退去強制対象者とされていた「外国人」の日本国籍が裁判により確認された事案すら存在することを想起されたい（最大判2008［平成20］年6月4日民集62巻6号1367頁）。

中でより一層厳しい取扱いをされかねないとの懸念もあることから、この用語の使用には慎重にならざるを得ない。そこで、本章においては、以下原則として非正規滞在者という用語を使用することとする[3]。

(2)「非正規滞在者」の発生態様

一口に非正規滞在者といっても、その態様は様々である。いくつかの典型例を挙げるならば――

①まず、入国・上陸[4]時においてそもそも在留資格を得ることなく日本の領域内に入ってきてそのまま日本に留まっている場合がある。いわゆる「**不法入国**」「**不法上陸**」とされる事案である。この中には、ブローカー等に用意してもらった変造旅券等で日本に辿り着いた庇護希望者も含まれていることに留意が必要である[5]。

②これに対し、上陸時には在留資格を付与されていったんは日本に適法に在留(「正規在留」)していたものの、その後なんらかの事情で在留資格を失い、そのまま日本に残っている場合がある。在留期限を徒過して

---

[3] なお、法令の用語としては、2005年5月16日施行改正で新たに導入された「在留資格未取得外国人」(「別表第一又は別表第二の上欄の在留資格をもって本邦に在留する者、一時庇護のための上陸の許可を受けた者で当該許可書に記載された期間を経過していないもの及び特別永住者以外の者をいう」=入管法61条の2の2第1項)という用語があり、非正規滞在者とほぼ同義といえるが、難民申請者に特化した用語として設定されている上に未だ一般には浸透していない用語であることを踏まえ、本章ではこの用語は用いず、もっぱら非正規滞在者という用語を用いることとする。

[4] 日本の入管法では、入国(日本の領域内=12カイリの範囲内に入ること〈領海及び接続水域に関する法律1条1項参照〉)と、上陸(日本の陸に上がること)とを区別している。

[5] 日本の在留資格の種類(入管法別表)としては、難民認定申請を行うという「活動」を対象とした在留資格が用意されていないことから、国際空港等への到着時に庇護を正面から求めた外国人は原則として上陸許可がなされ得ないという制度上の欠陥が、不法入国・不法上陸せざるを得ない難民申請者の発生原因になっているともいえる。

日本にそのまま在留している態様が典型的であり、「**不法残留**」や「**オーバーステイ（超過滞在）**」と通称される。

③また、現に在留資格を有しているものの、なんらかの退去強制事由（入管法24条各号）に該当するということで退去強制手続が進められている場合もある。この場合、少なくとも**退去強制令書**が発付されるまではあくまでも在留資格は失われていない[6]、という点では正規在留者の外観を呈するものの、退去強制事由に該当する疑いがある限りそのまま**収容令書**に基づいて収容される可能性がある以上[7]、実質的には非正規滞在者と評価されるべき事案も多い。

④さらに、退去強制令書が発付されていながら未だ送還されていない状態の者も、非正規滞在者といえる。その中には、退去強制令書に基づいて入管収容施設で実質的な無期限収容状態に置かれている者もいれば[8]、**仮放免**許可を得ている者もいる[9]。

⑤なお、本章では適宜「**難民（認定）申請者**」についても言及するが、日本では、難民申請（入管法61条の2以下）を行ったことによって直ちに申請者用の在留資格を全件付与する、という法制度は採用されていない。その結果として、難民申請者のうちの相当数は非正規滞在状態で申請結果を待つことを余儀なくされている。つまり、逆にみれば、非正規滞在

6 　日本の入管法では、在留資格を現に有する外国人であっても、24条各号に定められた事由の1つにでも該当する場合は、退去強制（いわゆる強制送還）に付するという建前になっている。その退去強制を行う処分が退去強制令書発付処分であるが、その発付をもって直ちにかつ当然に現有の在留資格が失われるという明文があるわけではなく、少なくとも現実に送還が執行されるまでは在留資格自体は存続している、とみる余地もある。

7 　入管法39条（いわゆる「収令収容」）。なお、この収容の問題点に関しては、本文で後述。

8 　入管法52条5項（いわゆる「退令収容」）で、「送還の時まで」無期限の収容が可能とされており、実務上も1年〜数年間の収容は稀ではない。この収容の問題点に関しても、本文で後述。

9 　入管法54条。

者の中の一部は、難民申請中の者である。
　——以上のように、非正規滞在者と一言で表現しても、その具体的態様は様々であることに、まずもって留意されたい。

1．非正規滞在者の人権状況（概観）

(1) 全体的枠組み

　冒頭で述べたとおり、非正規滞在者も「外国人」であり、その意味では、非正規滞在者の人権保障は、ⓐ「外国人」であること＋ⓑ「非正規」であることの、二段構えで分析するのが適当と思われる。すなわち、非正規滞在者の場合、日本人と比較すると、その人権保障には、ⓐ＋ⓑの二重の制約が課されていると言い換えてもよい。

　外国人の人権享有主体性を確認したことにも意義を有するはずの「**マクリーン判決**」[10]につき、むしろその人権保障の範囲を「**在留制度の枠内**」に限定したとの理解が過度に強調されて独り歩きした結果、外国人の各種人権保障が在留制度の枠によって事実上制約されている現況にあることは、前章までに既述のとおりである。このような独り歩きがその後の各種実務に多大な影響を与えている以上、それによって生じた現状を無視して論じることはできないし、しかも、その影響を最も直接的に受けているのが、非正規滞在者であるということも忘れてはならない。すなわち、彼らこそが文字どおり「在留制度の枠外」に置かれているのであり、在留制度の枠内でのみ保障されるという表現を素直に読むならば、極端には非正規滞在者にはなんらの人権も保障されないという帰結に至りかねないのである。

10　最大判 1978（昭和 53）年 10 月 4 日民集 32 巻 7 号 1223 頁。

第8章　非正規滞在者の権利

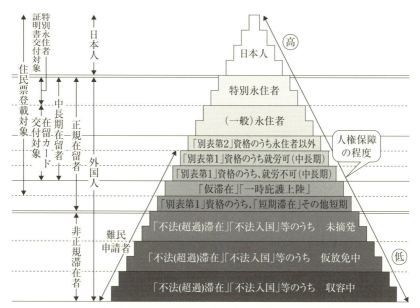

図1　外国人の「人権ピラミッド」
拙稿「日本における外国人の人権をめぐる「壁」と「格差」再考」『移民政策研究』第3号（2011年）23-36頁のうち、24頁に収録した図を、その後の法改正を踏まえて修正した上で簡略化したもの。なお、表中の「別表」とは、入管法の別表を指す。

（2）人権状況概観

　現実はさすがにそこまで極端ではないにせよ、非正規滞在者には、日本人と比べればもちろんのこと、他のあらゆる類型の正規滞在者と比較しても、低い人権保障しか及んでいないことは間違いない。
　図1は、その状況を端的に示したものである
　ここに示されているとおり、現実の人権の保障は、国籍別・在留資格別に見事なまでに輪切りされ、日本人＞中長期在留者＞短期在留者＞非正規滞在者の順にあからさまな格差が生じている。すなわち、非正規滞在者が日本社会の中で置かれた位置は、人権保障の程度に鑑みる限り、文字どおりの**最底辺**といわざるを得ないのである。

マクリーン判決の判示内容およびその理解に関しては当然批判があるところだが、それにしても、まさに国籍および「在留制度の枠」によって憲法上の人権保障が左右されているのが、厳然たる現実だといわざるを得ない。すなわち、実質的には、国籍法と入管法が憲法秩序の一部を事実上支配しているがごとき状況にある、といっても過言ではなかろう。

2．非正規滞在者の人権状況（各論）

ここまで非正規滞在者の人権状況を総論として概観してきたが、それを踏まえつつ、以下ではさらに若干の各論的な問題について取り上げる。

（1）人身の自由について

憲法上の人権のうち、非正規滞在者への保障が最も蔑ろにされているのが、**人身の自由**（憲法18条、31条以下参照）ではないかと思われることから、この点についてまず述べる。

本来であれば、日本の領域内にいる外国人には、上記マクリーン判決を引用するまでもなく、おしなべて人身の自由が認められるのが原則である（はずである）。

しかしながら、現実には、外国人の人身の自由はいともたやすく奪われる実務が続いている。

その原因となっているのが、入管法が定める**収容**制度である。入管法39条（収容令書による収容）は、退去強制事由があると疑うに足りる外国人の収容を認めており、その要件は、少なくとも明文上は刑事手続における逮捕や起訴前勾留よりも緩くなっている（表1参照）。また、いったん退去強制令書が発付された後の収容を定める入管法52条5項も、その要件は非常に緩い上に、収容期間が事実上無期限（送還を執行するまでの不確定期限）とされている点で、問題は大きい。

もちろん、本来であれば、明文にない要件であっても、人身の自由に

対する制約として憲法適合的な解釈をとる限りにおいては刑事手続同様の要件が加重されてしかるべきところである。しかし、入管当局は長年にわたって「**全件収容主義**」を標榜して、極めて弛緩した要件による収容実務を続けている[11]。これに対して実質的に唯一の歯止めとなり得べき行政事件訴訟法上の**執行停止**制度（行訴法 25 条）も、被収容者側からみて、その運用実態は、刑事手続における準抗告（刑訴法 429 条）等との比較上、救済の迅速性や簡易性の点で大きく劣っている[12]。

　その結果、外国人に関しては、入管法を根拠に安易にその人身の自由が奪われ、かつ容易にその救済が図られない、という状況が続いているのである。

　とりわけ、本章の対象である非正規滞在者は、在留資格がないために、収容状態あるいは収容目前の状態にある場合がほとんどであって、憲法上の人身の自由の保障は実質的にみて相当程度希薄であるといわざるを得ない（なお、前述のとおり難民申請者のうち相当数は非正規滞在者であるが、近時の入管実務においては、難民申請手続［一次手続＋異議手続］中は、収容を控える傾向が一応認められるところではある。とはいえ、入管実務の取扱いは時代によって揺れ動きがあることに鑑みるならば、依然として不安定な状況に置かれていることに変わりはないであろう[13]）。

　また、当然のことながら、上記の人身の自由の剥奪場面は、居住・移

11　大橋毅・児玉晃一「「全件収容主義」は誤りである」『移民政策研究』創刊号（2009 年）85-103 頁参照。
12　行訴法改正前を対象とはしているが、退去強制令書の執行停止問題全般につき、宮原均「退去強制処分とその執行停止についての考察──改正前の行政事件訴訟法 25 条における裁判例の傾向」『作新地域発展研究』第 5 号（2005 年）31-93 頁、野口貴公美「出入国管理行政における行政事件訴訟法二五条の諸問題──「退去強制に対する仮救済の問題点」を契機として」『原田尚彦古稀記念──法治国家と行政訴訟』（有斐閣、2004 年）参照。
13　難民申請者の収容全般につき、村上正直「難民認定申請者の収容」『21 世紀国際法の課題──安藤仁介先生古稀記念』（有信堂高文社、2006 年）125-170 頁参照。

表1　入管手続の「収容」と刑事手続の「逮捕」「勾留」との比較

		収令収容 入管法39条	通常逮捕 刑訴法199条	起訴前勾留 刑訴法207条1項、60条	退令収容 入管法52条5項	起訴後勾留 刑訴法60条
要件	嫌疑要件	◎「24条各号の一に該当すると疑うに足りる相当な理由」(入管法39)	◎「被疑者が罪を犯したことを疑うに足りる相当な理由」(刑訴法199Ⅰ)	◎「被疑者が罪を犯したことを疑うに足りる相当な理由」(刑訴法60Ⅰ各号、207で準用)	××「退去強制を受ける者を直ちに本邦外に送還することができないとき」(入管法52Ⅴ)	◎「被告人が罪を犯したことを疑うに足りる相当な理由」(刑訴法60Ⅰ柱書き)
要件	逃亡・罪証隠滅等要件	××不要(全件収容主義を採る限り)	◎必要(刑訴規則143の3参照)	◎必要(刑訴法60Ⅰ各号、207で準用)	××不要(全件収容主義を採る限り)	◎必要(刑訴法60Ⅰ各号)
要件	必要性／相当性要件	××不要(全件収容主義を採る限り)	◎解釈で必要と解されている(刑訴規則143の3参照)	◎同左(刑訴法207Ⅰで準用された87Ⅰ参照)	××不要(全件収容主義を採る限り)	◎解釈で必要と解されている(刑訴法87Ⅰ参照)
要件	除外要件	×なし	◎軽微事件の除外規定(刑訴法199Ⅱ)	◎同左(逮捕前置主義である以上)	×なし	×なし
要件	その他の要件			◎適法な逮捕の前置 ◎逮捕の時間制限遵守		
手続	事前審査	△内部審査(主任審査官=入管法39Ⅱ)	◎裁判官の令状審査(刑訴法199Ⅱ)	◎裁判官の令状審査(刑訴法60Ⅰ、207Ⅰ本)	××なし(入国警備官が判断可=入管法52Ⅴ)	◎裁判所(第1回公判前は裁判官)の令状審査
手続	不服申立	×(行服法排除=行服法4Ⅰ⑩)	△なし(但し勾留審査で兼用)	◎準抗告(刑訴法429)	×(行服法排除=行服法4Ⅰ⑩)	◎準抗告(抗告)
手続	司法審査	△取消訴訟+執行停止(実効性低)			△取消訴訟+執行停止(実効性低)	
手続	事後解放	○仮放免(入管法54、内部審査+迅速性低)	△なし(但し勾留却下で兼用)	△勾留執行停止(刑訴法87、例外的) △勾留取消(刑訴法95、例外的)	○仮放免(入管法54、内部審査+迅速性低) ×特別放免(入管法52Ⅵ=事実上死文化)	◎保釈(刑訴法89～91)

第 8 章　非正規滞在者の権利

			収令収容 入管法 39 条	通常逮捕 刑訴法 199 条	起訴前勾留 刑訴法 207 条 1 項、60 条	退令収容 入管法 52 条 5 項	起訴後勾留 刑訴法 60 条
期間	基本期間		✕ 30 日（入管法 41 Ⅰ 本）	◎ 3 日（72 時間＝刑訴法 203〜205）	△ 10 日（刑訴法 208 Ⅰ）		✕ 2 か月（刑訴法 60 Ⅱ 本）
	延長	期間	✕ 30 日（入管法 41 Ⅰ 但）	◎延長なし	△ 10 日（刑訴法 208 Ⅱ。極めて例外的に △ 15 日＝208 の 2）	✕✕ 期間不確定（送還の時まで＝入管法 52 Ⅴ）	✕ 1 か月＋1 か月＋…（刑訴法 60 Ⅱ 但）
		要件	✕「主任審査官は、やむを得ない事由があると認めるときは」		△「裁判官は、やむを得ない事由があると認めるときは」（刑訴法 208 Ⅱ）		✕「裁判所は、特に継続の必要がある場合においては、具体的にその理由を附した決定で」（同上）
		手続	✕ 内部審査（主任審査官）		◎ 裁判官の令状審査（208 Ⅱ）		△ 裁判所の判断
	最大通算期間		✕ 60 日	◎ 3 日（72 時間）	△ 20 日（例外的に △ 25 日）	✕✕ 事実上無期限	✕✕ 事実上無期限（公判続く限り＝刑訴法 60 Ⅱ 但）
処遇	規制法令		✕ 法務省令（被収容者処遇規則）	◎ 法律（刑事収容施設法）		✕ 法務省令（被収容者処遇規則）	◎ 法律（刑事収容施設法）

図中の記号は、被拘禁者の人権保障に厚い順に、◎⇒○⇒△⇒✕⇒✕✕ の順に模式的に図示したものである。
出所：筆者作成

転の自由の剥奪をほぼ必然的に伴い、多くの事案において、職業選択の自由や教育を受ける権利その他の諸権利をいわば一網打尽に奪い、極めて重大かつ深刻な権利侵害をもたらすということを忘れてはならない。

(2) **各種社会保障**について

次に、各種社会保障にかかる人権保障の状況についてみてみることとする。

日本人であろうと外国人であろうと、日本において生活をしていく上で必要なセーフティネットとなるのが各種の社会保障制度である。

大別すれば、**社会保険**（健康保険、年金保険、労働者災害保険、雇用保険）、**公的扶助**（生活保護）、**社会手当**（児童手当、児童扶養手当）、**社会福祉**（児童福祉、障害者福祉、老人福祉）、**住宅保障**（住宅金融公庫、公営住宅）といった分類が可能であるが、ほぼすべての分野につき、非正規滞在者は実務上その適用から大きく除外されている。しかも、ほとんどの場合は、各制度の根拠法における**国籍要件**によってではなく、通達や運用等によって、すなわち行政庁の判断によって、制度から排除されているのが実情である（表2参照）。

つまり、ここでは、憲法どころか法律の明文規定すら直接の根拠とせずに、行政庁の判断に基づいて「在留制度の枠内」での制度運用が実施され、非正規滞在者の人権が保障されない事態が広く発生しているのである。

(3) **難民申請者**について

難民申請者については、前掲の図1に示したとおり、その在留状況は様々である[11]。2005年施行の難民認定制度改正以降の入管実務では、短期滞在その他なんらかの在留資格を有する状態で難民申請を行った外国人に対して、「**特定活動**」（6か月間）の在留資格を付与し、申請後6か月経過後はさらに就労許可を付した「特定活動」が難民申請（異議段

第8章　非正規滞在者の権利

階）の結果が出るまで繰り返し更新許可される取扱いとなった。そのため、従前と比較すれば、正規滞在でかつ稼働可能な状態で難民申請期間を過ごす申請者の割合が飛躍的に増加している。

とはいえ、依然として、在留資格を有しない状態での難民申請を余儀なくされる庇護希望者も多く、これらの者の一部は、**仮滞在**（入管法61条の2の4）の対象となり得るものの、現実の許可率は低い[15]。加えて、**一時庇護上陸**の許可数も低迷している[16]。

結果として、文字どおりの非正規滞在の状態（収容、仮放免など）のまま難民申請の結果を待つ者の数も、依然として相当数を占めている。

このようにみてみると、同じ難民申請者であっても、就労可能な特定活動資格を有する者から＞仮滞在許可を受けた者＞仮放免許可を受けた者＞収容中の者まで、様々な状態に置かれたものが混在している現状にあり、いわば難民申請者の中でも明確な格差社会が現出されているという、奇妙な状態にある。そして、このような格差は、ほぼそのまま人権保障の格差となって現れている点で、看過しがたい不平等・不公平をもたらしているといえる。

14　難民申請者の在留状況の詳細分類に関しては、拙稿「続・日本の難民認定制度の現状と課題」『難民研究ジャーナル』第2号（2012年）2-23頁のうち、7頁の図表参照。
15　各年ごとの仮滞在の処分数／許可数は、2009年＝処分1028／許可72件、2010年＝処分558／許可65件、2011年＝処分689／許可71件、2012年＝処分701／許可74件、2013年＝処分736／許可95件、に止まっている（法務省入管局の各年のプレスリリース「平成〇年における難民認定者数等について」）。
16　各年ごとの一時庇護上陸の申請数／許可数は、2009年＝申請24／許可0件、2010年＝申請21／許可0件、2011年＝申請45／許可10件、2012年＝申請60／許可5件、2013年＝申請26／許可2件、に止まっている（法務省入管局白書「出入国管理」各年度版および同局への問い合わせ結果による）。

表2　外国人に対する各種社会保障制度の適用状況

			国籍条項	日本人	外国人			
					正規在留者			非正規滞在者
					永住者	中長期在留者	短期在留者	
							難民申請者	
2012法改正 ※1	前	住民登録〈住民票登載〉		●	×	×	×	×
		外国人登録		—	●	●	●	●
	後	住民登録〈住民票登載〉		●	●	●	×	×
		外国人登録		—	(制度廃止)			
社会保険	健康保険	健康保険法	無	●	●	●	△※2	△※2
	国民健保	国民健康保険法	無	●	●	●※3	×	×
	年金保険 厚生年金	厚生年金法	無	●	●	●	△※2	△※2
	国民年金	国民年金法	無	●	●	●※3	×	×
	介護保険	介護保険法	無	●	●	●	×	×
	雇用保険	雇用保険法	無	●	●	●	△※4	△※4
	労災保険	労働者災害補償保険法	無	●	●	●	●※5	●※5

図中の記号は、●が適用（保障）あり、□が事実上適用あるが権利性なし、△が一応適用可能であるが実務上適用拒否される場合もあり、×が（ほぼ）適用除外、を意味する。

※1　2012/7/9（改正住民基本台帳法等の施行と外国人登録法の廃止）の前後で区分。
※2　雇用関係ある限り一応加入可能。
※3　上記法改正までは1年以上の在留期間対象との取扱いが一般的であったが、改正後は中長期在留者〈3月超〉へと対象拡大。
※4　雇用保険の加入要件としては国籍・在留資格による明示的な制限がないものの、いわゆる不法就労の外国人には適用されないことを前提とする実務と理解される。
※5　いわゆる不法就労者であっても、一貫して適用されている（1988［昭和63］年1月26日基発第50号）。

第8章　非正規滞在者の権利

			国籍条項	日本人	外国人			非正規滞在者
					正規在留者			
					永住者	中長期在留者	短期在留者	
						難民申請者		
公的扶助	生活保護	生活保護法	(有)※6	●	□※6	△※6	×	×
社会手当	児童手当	児童手当 児童手当法	無	●	●	△※7	×	×
社会手当	児童手当	児童扶養手当 児童扶養手当法	無	●	●	△※7	×	×
社会福祉	児童福祉	諸制度※8 児童福祉法	無	●	●	△※7	×	×
社会福祉	障害者福祉	諸制度※8 身体障害者福祉法	無	●	●	△※7	×	×
社会福祉	障害者福祉	諸制度※8 知的障害者福祉法	無	●	●	△※7	×	×

※6　支給対象は1950年改正で「国民」と規定され（生活保護法1条・2条）、外国人へは、長年にわたり行政運用上の事実上適用（準用）に止まる。しかもその準用範囲は、特別永住者、永住者、定住者、日本人／永住者の配偶者等、難民認定者のみに限定されている（1990年10月の厚生省社会局保護課企画法令係長の口答指示参照）。さらに、最二小判昭和26年7月18日（判例地方自治386号78頁）は、「国民」は日本国民を意味し、外国人はこれに含まれないとした上で、外国人は、行政庁の通達等に基づく行政措置により事実上の保護の対象となり得るにとどまるとして、永住／定住外国人の生活保護の受給請求の権利性を否定している。

※7　中長期在留者であっても、1年未満の在留期間の者や「興業」の在留資格者を適用除外とする取扱いがみられる。

※8　児童福祉、障害者福祉の諸制度のうち少なくとも緊急性を有する給付等に関しては、国籍や在留資格の有無にかかわらず対象とする旨の政府答弁があり（2000年5月26日付・内閣参質147第26号・大脇雅子参議院議員の質問主意書に対する政府答弁書）、その趣旨は現在まで変更ないものと考えられる。

出所：筆者作成

3．非正規在留者をめぐる近時の動向と今後の展望

(1) 新しい在留制度の施行に伴う変動

　他の章でも触れられているとおり、2012年7月9日に、改正入管法や改正住民基本台帳法などが施行され、同時に外国人登録法が廃止された（いわゆる「新しい在留制度」）。

　この新しい在留制度の施行以降は、**中長期在留者**[17]（特別永住者を含む）が住民票（外国人住民票）の登載者として新たに取り込まれたが、これに伴って各種行政サービスも、住民票を基準に地方公共団体（自治体）によって行われる傾向が強まっている。すなわち、正規滞在者の中でも、中長期在留者とそれ以外の短期滞在者等との間での格差が一気に顕在化したといえる。

　非正規滞在者についていえば、従前は在留資格がなくとも**外国人登録制度**の対象であったことにより地元の自治体から（まがりなりにも）「住民」として認識されていたが、上記法改正後は、外国人登録制度自体が廃止されて**外国人住民票**制度（住民基本台帳法30条の45以下参照）と**在留カード**制度（入管法19条の3以下参照）に移行し（表3）、非正規滞在者は、もはや地元自治体からも「見えない」（＝無視されがちな）存在に陥ってしまったといえる。そのため、社会保障の対象からはさらに除外される傾向が事実上強まっていくことが懸念されるところである[18]。

17　具体的には、「①「3月」以下の在留期間が決定された者、②「短期滞在」の在留資格が決定された者、③「外交」又は「公用」の在留資格が決定された者、④①から③までに準じるものとして法務省令で定める者（「特定活動」の在留資格が決定された、亜東関係協会の本邦の事務所若しくは駐日パレスチナ総代表部の職員又はその家族）、⑤特別永住者、⑥在留資格を有しない者」の、「いずれにも当てはまらない」外国人を指す（http://www.moj.go.jp/content/000111784.pdf。入管法19条の3、入管特例法参照）。

表3　2012年7月9日以降の、在留カードと住民票の対象者

在留資格	在留資格種類		在留カード	外国人住民票
あり （正規在留）	「特別永住者」（入管特例法）		○（特別永住者証明書）	○
	「(一般)永住者」（入管法別表第2）		○	○
	その他の資格	期間＞3月	○	○
		期間≦3月	×	×
	「短期滞在」		×	×
なし （非正規滞在）	（仮放免なども含む）		×	×
特殊な場合	仮滞在（入管法61条の2の4）		×	○
	一時庇護上陸（入管法18条の2）		×	○
	経過滞在※		×	○

※①日本で出生した場合や、②日本で日本国籍喪失した場合で、当該事由発生から60日間以内の外国人を指す実務用語。
出所：筆者作成

（2）非正規滞在者が極端な"マイノリティ化"へ向かう懸念

非正規滞在者をめぐる状況は、今後どうなっていくだろうか。

そもそも、非正規滞在者は、その性質上、正確にカウントすることが困難ではあるが、入管当局は毎年、当該年における「不法残留者」等の統計やプレスリリースを発表しており、一定の推計値は明らかにされている。

18　当該改正法（平成21年7月15日法律第79号）の附則60条1項には、「法務大臣は、現に本邦に在留する外国人であって入管法又は特例法の規定により本邦に在留することができる者以外のもののうち……仮放免をされ当該仮放免の日から一定期間を経過したものについて、この法律の円滑な施行を図るとともに、施行日以後においてもなおその者が行政上の便益を受けられることとなるようにするとの観点から、施行日までに、その居住地、身分関係等を市町村に迅速に通知すること等について検討を加え、その結果に基づいて必要な措置を講ずるものとする」との定めがあるが、難民申請中の者も多い仮放免許可者に対する行政サービスの確保については、十分とはいえない。

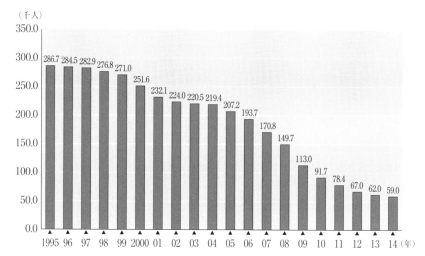

図2　当局推計の「不法残留者」数の推移
※ 1995～1996 年は 5 月 1 日付、その他の年は 1 月 1 日付の数値。
各年版白書『出入国管理』および各年版『出入国管理のしおり』(いずれも法務省入国管理局作成)の統計値をもとに筆者が作成。なお、当該数値は「不法残留者」数であり、いわゆるオーバーステイ(入管法 24 条でいえば 4 号ロ該当)のみを推計した値であって、これ以外にも不法入国者や不法上陸者も存在するが、非正規滞在者の多数は不法残留者によって占められていると解されることから、本章では、ひとまず非正規滞在者数を不法残留者数＋aとみなしている。

　それによれば、最大期には 30 万人以上存在したことが認められる非正規滞在者は、わずか 6 万人程度という数字まで減少しており(図2)、1 億 2000 万人近い日本の総人口の中では、ますますマイノリティとしての性格を相対的に強めているといえる。しかも、「新しい在留制度」の下では、社会におけるその存在が一気に見えにくくなったのは、前述のとおりである。

　これにさらに拍車をかけているのが、在留特別許可[19]の動向であろう。いったん非正規滞在状態になった外国人が、帰国することなく日本での在留を正規化する(いわば敗者復活する)唯一の方法が、在留特別許可であるのだが、その許可数も許可率も近時目に見えて低下している(図3)。

第 *8* 章　非正規滞在者の権利

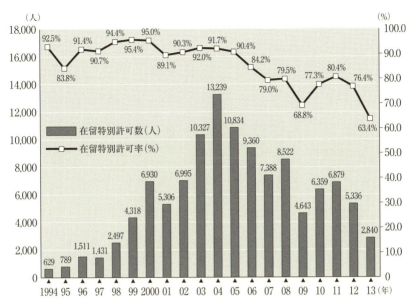

図3　在留特別許可数・許可率と退去強制令書発付数の推移

各年版の「出入国管理統計」の数値をもとに筆者が作表。このうち、在特許可率は、当該年の在特許可数を退去強制手続の異議申出に対する処理（「既済」）数で割った数値をもって、表示している。なお、2005年5月16日施行改正後は、難民申請者の在留特別許可（在留許可）は、入管法50条ではなくもっぱら61条の2の2で判断されることとなったが（61条の2の6第4項参照）、本表では61条の2の2に基づく在特数は示されていない。

19　退去強制事由が認められる外国人について、人権上・人道上その他在留を許可すべき特別の事情を認めた場合に、法務大臣（または権限委任を受けた地方入管局長）が在留を特別に許可する制度。入管法50条1項のほか、2005年5月16日施行改正以後は難民申請者についてはもっぱら61条の2の2によって許否が判断されることとなっている。
　入管法50条（法務大臣の裁決の特例）
　　1項　法務大臣は、前条第三項の裁決にあたつて、異議の申出が理由がないと認める場合でも、当該容疑者が次の各号のいずれかに該当するときは、その者の在留を特別に許可することができる。
　　1号　永住許可を受けているとき。
　　2号　かつて日本国民として本邦に本籍を有したことがあるとき。
　　3号　人身取引等により他人の支配下に置かれて本邦に在留するものであるとき。
　　4号　その他法務大臣が特別に在留を許可すべき事情があると認めるとき。

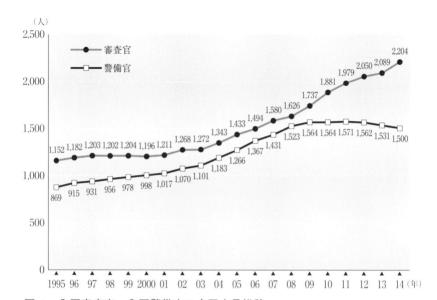

図4　入国審査官・入国警備官の全国定員推移
各年版白書『出入国管理』(法務省入国管理局作成)の統計値をもとに筆者が作表。

このことは、非正規滞在者の正規化の途が狭まっていることを意味する。すなわち、結果としては非正規状態解消の阻害要因となり、ひいては非正規状態の固定化をもたらしているものといえよう。

(3) 時代に取り残された入管政策

以上に述べたように、非正規滞在者をめぐる状況はこの20年余りの間に大きく変化し、すでに新たな局面を迎えているものと考えられる。そのため、非正規滞在者に関する議論や政策も、この新しい局面を踏まえた内容へと更新される必要がある。

ところが、日本政府——とりわけ、特に外国人に対する処遇の最前線に立つ入管——の姿勢は、上記の新しい局面から殊更に目を反らしているものとしか思えないほど、旧態依然としたものだ。

その姿勢を端的に示す一例が、入管の職員定員である（図4）。1990年代後半以降の「不法滞在者」摘発強化の名目で増員した入国警備官（主として、非正規滞在者等の摘発・収容・送還等を職務とする警察職[20]）が、非正規滞在者が5分の1にまで減少した現段階（前掲図2参照）に至ってもなお明らかに過剰な人員体制で存在し続けていることに、入管政策転換の立ち後れが象徴されていると感じるのは、筆者だけではないだろう。
　また、少子高齢化と労働力不足が叫ばれるなかで、すでに来日している非正規滞在者のうちの一定割合を、在留特別許可の弾力的運用によって積極的に正規化すること（いわゆる「アムネスティ」）も当然選択肢として視野に入ってくるべきであろうが、本質的な議論がないままに、在留特別許可の実務がむしろこれと逆行する傾向を見せているのは前述のとおりである。
　このように、非正規滞在者をめぐるちぐはぐで時代遅れの入管政策が継続される限り、大局的見地での問題解決は程遠いといわざるを得ない。
　そして、その陰でますますマイノリティ化の様相を強める非正規滞在者については、さらなる人権保障の劣化が懸念されるところであり、対応はまさに急務というべきであろう。

20　入管法61条の3の2（入国警備官）
　　2項　入国警備官は、次に掲げる事務を行う。
　　　1号　入国、上陸及び在留に関する違反事件を調査すること。
　　　2号　収容令書及び退去強制令書を執行するため、その執行を受ける者を収容し、護送し、及び送還すること。
　　　3号　入国者収容所、収容場その他の施設を警備すること。
　　　4号　第十九条の十九第一項に規定する事実の調査を行うこと。
　　　5号　第二十二条の四第三項ただし書の規定による通知並びに第六十一条の九の二第四項及び第五項の規定による交付送達を行うこと。
　　4項　入国警備官は、国家公務員法（昭和二十二年法律第百二十号）の規定の適用については、警察職員とする。

●参考文献

本書第 1 章の参考文献のほか、

渡戸一郎・鈴木江理子・A.P.F.S.編著『在留特別許可と日本の移民政策——「移民選別」時代の到来』(明石書店、2007 年)
〈在留特別許可制度の推移と日本の外国人政策との関係を俯瞰的に分析した書籍。〉

関東弁護士会連合会編『外国人の人権——外国人の直面する困難の解決をめざして』(明石書店、2012 年)
〈外国人の人権をめぐる近時の状況全般につき、実務家の視点から分析した書籍。〉

児玉晃一・関聡介・難波満編著『コンメンタール 出入国管理及び難民認定法 2012』(現代人文社、2012 年)
〈主として実務家の視点から、入管法を詳細に逐条解説した書籍。〉

巻末資料（重要判例抄録）

- マクリーン事件 ……………………………… 176頁
- 塩見訴訟 ……………………………………… 179頁
- 指紋押捺事件 ………………………………… 182頁
- 定住外国人地方選挙権訴訟 ………………… 183頁
- 崔善愛（再入国不許可処分取消等請求）事件 … 185頁
- 地方公務員管理職昇任差別事件 …………… 187頁
- 国籍法違憲判決 ……………………………… 190頁
- 永住者生活保護事件 ………………………… 195頁
- ヘイトスピーチ街頭宣伝差止め等請求事件 … 197頁

マクリーン事件

(最大判 1978 年 10 月 4 日民集 32 巻 7 号 1223 頁)(抄)

(前略)

　憲法 22 条 1 項は、日本国内における居住・移転の自由を保障する旨を規定するにとどまり、外国人がわが国に入国することについてはなんら規定していないものであり、このことは、国際慣習法上、国家は外国人を受け入れる義務を負うものではなく、特別の条約がない限り、外国人を自国内に受け入れるかどうか、また、これを受け入れる場合にいかなる条件を付するかを、当該国家が自由に決定することができるものとされていることと、その考えを同じくするものと解される(最高裁昭和 29 年(あ)第 3594 号同 32 年 6 月 19 日大法廷判決・刑集 11 巻 6 号 1663 頁参照)。したがって、憲法上、外国人は、わが国に入国する自由を保障されているものでないことはもちろん、所論のように在留の権利ないし引き続き在留することを要求しうる権利を保障されているものでもないと解すべきである。そして、上述の憲法の趣旨を前提として、法律としての効力を有する出入国管理令は、外国人に対し、一定の期間を限り(4 条 1 項 1 号、2 号、14 号の場合を除く。)特定の資格によりわが国への上陸を許すこととしているものであるから、上陸を許された外国人は、その在留期間が経過した場合には当然わが国から退去しなければならない。もっとも、出入国管理令は、当該外国人が在留期間の延長を希望するときには在留期間の更新を申請することができることとしているが(21 条 1 項、2 項)、その申請に対しては法務大臣が「在留期間の更新を適当と認めるに足りる相当の理由があるときに限り」これを許可することができるものと定めている(同条 3 項)のであるから、出入国管理令上も在留外国人の在留期間の更新が権利として保障されているものでないことは、明らかである。

　右のように出入国管理令が原則として一定の期間を限って外国人のわが国への上陸及び在留を許しその期間の更新は法務大臣がこれを適当と認めるに足りる相当の理由があると判断した場合に限り許可することとしているのは、法務大臣に一定の期間ごとに当該外国人の在留中の状況、在留の必要性・相当性等を審査して在留の許否を決定させようとする趣旨に出たものであり、そして、在留期間の更新事由が概括的に規定されその判断基準が特に定められていないのは、更新事由の有無の判断を法務大臣の裁量に任せ、その裁量権の範囲を広汎なものとする趣旨からであると解される。すなわち、法務大臣は、在留期間の更新の許否を決するにあたっては、外国人に対する出入国の管理及び在留の規制の目的である国内の治安と善良の風俗の維持、保健・

衛生の確保、労働市場の安定などの国益の保持の見地に立って、申請者の申請事由の当否のみならず、当該外国人の在留中の一切の行状、国内の政治・経済・社会等の諸事情、国際情勢、外交関係、国際礼譲など諸般の事情をしんしゃくし、時宜に応じた的確な判断をしなければならないのであるが、このような判断は、事柄の性質上、出入国管理行政の責任を負う法務大臣の裁量に任せるのでなければとうてい適切な結果を期待することができないものと考えられる。このような点にかんがみると、出入国管理令21条3項所定の「在留期間の更新を適当と認めるに足りる相当の理由」があるかどうかの判断における法務大臣の裁量権の範囲が広汎なものとされているのは当然のことであって、所論のように上陸拒否事由又は退去強制事由に準ずる事由に該当しない限り更新申請を不許可にすることは許されないと解すべきものではない。

…法が処分を行政庁の裁量に任せる趣旨、目的、範囲は各種の処分によって一様ではなく、これに応じて裁量権の範囲をこえ又はその濫用があったものとして違法とされる場合もそれぞれ異なるものであり、各種の処分ごとにこれを検討しなければならないが、これを出入国管理令21条3項に基づく法務大臣の「在留期間の更新を適当と認めるに足りる相当の理由」があるかどうかの判断の場合についてみれば、右判断に関する前述の法務大臣の裁量権の性質にかんがみ、その判断が全く事実の基礎を欠き又は社会通念上著しく妥当性を欠くことが明らかである場合に限り、裁量権の範囲をこえ又はその濫用があったものとして違法となるものというべきである。したがって、裁判所は、法務大臣の右判断についてそれが違法となるかどうかを審理、判断するにあたっては、右判断が法務大臣の裁量権の行使としてされたものであることを前提として、その判断の基礎とされた重要な事実に誤認があること等により右判断が全く事実の基礎を欠くかどうか、又は事実に対する評価が明白に合理性を欠くこと等により右判断が社会通念に照らし著しく妥当性を欠くことが明らかであるかどうかについて審理し、それが認められる場合に限り、右判断が裁量権の範囲をこえ又はその濫用があったものとして違法であるとすることができるものと解するのが、相当である。…

…上告人の在留期間更新申請に対し被上告人が更新を適当と認めるに足りる相当な理由があるものとはいえないとしてこれを許可しなかったのは、上告人の在留期間中の無届転職と政治活動のゆえであったというのであり、原判決の趣旨に徴すると、なかでも政治活動が重視されたものと解される。

思うに、憲法第3章の諸規定による基本的人権の保障は、権利の性質上日本国民のみをその対象としていると解されるものを除き、わが国に在留す

る外国人に対しても等しく及ぶものと解すべきであり、政治活動の自由については、わが国の政治的意思決定又はその実施に影響を及ぼす活動等外国人の地位にかんがみこれを認めることが相当でないと解されるものを除き、その保障が及ぶものと解するのが、相当である。しかしながら、前述のように、外国人の在留の許否は国の裁量にゆだねられ、わが国に在留する外国人は、憲法上わが国に在留する権利ないし引き続き在留することを要求することができる権利を保障されているものではなく、ただ、出入国管理令上法務大臣がその裁量により更新を適当と認めるに足りる相当の理由があると判断する場合に限り在留期間の更新を受けることができる地位を与えられているにすぎないものであり、したがって、外国人に対する憲法の基本的人権の保障は、右のような外国人在留制度のわく内で与えられているにすぎないものと解するのが相当であって、在留の許否を決する国の裁量を拘束するまでの保障、すなわち、在留期間中の憲法の基本的人権の保障を受ける行為を在留期間の更新の際に消極的な事情としてしんしゃくされないことまでの保障が与えられているものと解することはできない。…

　前述の上告人の在留期間中のいわゆる政治活動は、その行動の態様などからみて直ちに憲法の保障が及ばない政治活動であるとはいえない。しかしながら、上告人の右活動のなかには、わが国の出入国管理政策に対する非難行動、あるいはアメリカ合衆国の極東政策ひいては日本国とアメリカ合衆国との間の相互協力及び安全保障条約に対する抗議行動のようにわが国の基本的な外交政策を非難し日米間の友好関係に影響を及ぼすおそれがないとはいえないものも含まれており、被上告人が、当時の内外の情勢にかんがみ、上告人の右活動を日本国にとって好ましいものではないと評価し、また、上告人の右活動から同人を将来日本国の利益を害する行為を行うおそれがある者と認めて、在留期間の更新を適当と認めるに足りる相当の理由があるものとはいえないと判断したとしても、その事実の評価が明白に合理性を欠き、その判断が社会通念上著しく妥当性を欠くことが明らかであるとはいえず、他に被上告人の判断につき裁量権の範囲をこえ又はその濫用があったことをうかがわせるに足りる事情の存在が確定されていない本件においては、被上告人の本件処分を違法であると判断することはできないものといわなければならない。また、被上告人が前述の上告人の政治活動をしんしゃくして在留期間の更新を適当と認めるに足りる相当の理由があるものとはいえないとし本件処分をしたことによって、なんら所論の違憲の問題は生じないというべきである。

　（後略）

塩見訴訟

(最判 1989 年 3 月 2 日判時 1363 号 68 頁)(抄)

(前略)

憲法 25 条は、いわゆる福祉国家の理念に基づき、すべての国民が健康で文化的な最低限度の生活を営みうるよう国政を運営すべきこと(1 項)並びに社会的立法及び社会的施設の創造拡充に努力すべきこと(2 項)を国の責務として宣言したものであるが、同条 1 項は、国が個々の国民に対して具体的・現実的に右のような義務を有することを規定したものではなく、同条 2 項によって国の責務であるとされている社会的立法及び社会的施設の創造拡充により個々の国民の具体的・現実的な生活権が設定充実されてゆくものであると解すべきこと、そして、同条にいう「健康で文化的な最低限度の生活」なるものは、きわめて抽象的・相対的な概念であって、その具体的内容は、その時々における文化の発達の程度、経済的・社会的条件、一般的な国民生活の状況等との相関関係において判断決定されるべきものであるとともに、同条の規定の趣旨を現実の立法として具体化するに当たっては、国の財政事情を無視することができず、また、多方面にわたる複雑多様な考察とそれに基づいた政策的判断を必要とするから、同条の規定の趣旨にこたえて具体的にどのような立法措置を講ずるかの選択決定は、立法府の広い裁量にゆだねられており、それが著しく合理性を欠き明らかに裁量の逸脱・濫用と見ざるをえないような場合を除き、裁判所が審査判断するに適しない事柄であるというべきことは、当裁判所大法廷判決(昭和 23 年(れ)第 205 号同年 9 月 29 日判決・刑集 2 巻 10 号 1235 頁、昭和 51 年(行ツ)第 30 号同 57 年 7 月 7 日判決・民集 36 巻 7 号 1235 頁)の判示するところである。

そこで、本件で問題とされている国籍条項が憲法 25 条の規定に違反するかどうかについて考えるに、国民年金制度は、憲法 25 条 2 項の規定の趣旨を実現するため、老齢、障害又は死亡によって国民生活の安定が損なわれることを国民の共同連帯によって防止することを目的とし、保険方式により被保険者の拠出した保険料を基として年金給付を行うことを基本として創設されたものであるが、制度発足当時において既に老齢又は一定程度の障害の状態にある者、あるいは保険料を必要期間納付することができない見込みの者等、保険原則によるときは給付を受けられない者についても同制度の保障する利益を享受させることとし、経過的又は補完的な制度として、無拠出制の福祉年金を設けている。法 81 条 1 項の障害福祉年金も、制度発足時の経過的な救済措置の一環として設けられた全額国庫負担の無拠出制の年金であって、立

法府は、その支給対象者の決定について、もともと広範な裁量権を有しているものというべきである。加うるに、社会保障上の施策において在留外国人をどのように処遇するかについては、国は、特別の条約の存しない限り、当該外国人の属する国との外交関係、変動する国際情勢、国内の政治・経済・社会的諸事情等に照らしながら、その政治的判断によりこれを決定することができるのであり、その限られた財源の下で福祉的給付を行うに当たり、自国民を在留外国人より優先的に扱うことも、許されるべきことと解される。したがって、法81条1項の障害福祉年金の支給対象者から在留外国人を除外することは、立法府の裁量の範囲に属する事柄と見るべきである。

　また、経過的な性格を有する右障害福祉年金の給付に関し、廃疾の認定日である制度発足時の昭和34年11月1日において日本国民であることを要するものと定めることは、合理性を欠くものとはいえない。昭和34年11月1日より後に帰化により日本国籍を取得した者に対し法81条1項の障害福祉年金を支給するための措置として、右の者が昭和34年11月1日に遡り日本国民であったものとして扱うとか、あるいは国籍条項を削除した昭和56年法律第86号による国民年金法の改正の効果を遡及させるというような特別の救済措置を講ずるかどうかは、もとより立法府の裁量事項に属することである。

　そうすると、国籍条項及び昭和34年11月1日より後に帰化によって日本国籍を取得した者に対し法81条1項の障害福祉年金の支給をしないことは、憲法25条の規定に違反するものではないというべく、以上は当裁判所大法廷判決（昭和51年（行ツ）第30号同57年7月7日判決・民集36巻7号1235頁、昭和50年（行ツ）第120号同53年10月4日判決・民集32巻7号1223頁）の趣旨に徴して明らかというべきである。

　四　次に、国籍条項及び昭和34年11月1日より後に帰化によって日本国籍を取得した者に対し法81条1項の障害福祉年金の支給をしないことが、憲法14条1項の規定に違反するかどうかについて考えるに、憲法14条1項は法の下の平等の原則を定めているが、右規定は合理的理由のない差別を禁止する趣旨のものであって、各人に存する経済的、社会的その他種々の事実関係上の差異を理由としてその法的取扱いに区別を設けることは、その区別が合理性を有する限り、何ら右規定に違反するものではないのである（最高裁昭和37年（あ）第927号同39年11月18日大法廷判決・刑集18巻9号579頁、同昭和37年（オ）第1472号同39年5月27日大法廷判決・民集18巻4号676頁参照）。ところで、法81条1項の障害福祉年金の給付に関しては、廃疾の認定日に日本国籍がある者とそうでない者との間に区別が設けられているが、前示のとおり、右障害福祉年金の給付に関し、自国民を在留外国人

に優先させることとして在留外国人を支給対象者から除くこと、また廃疾の認定日である制度発足時の昭和34年11月1日において日本国民であることを受給資格要件とすることは立法府の裁量の範囲に属する事柄というべきであるから、右取扱いの区別については、その合理性を否定することができず、これを憲法14条1項に違反するものということはできない。

　五　さらに、国籍条項が憲法98条2項に違反するかどうかについて判断する。

　所論の社会保障の最低基準に関する条約（昭和51年条約第4号。いわゆるILO第102号条約）68条1の本文は「外国人居住者は、自国民居住者と同一の権利を有する。」と規定しているが、そのただし書は「専ら又は主として公の資金を財源とする給付又は給付の部分及び過渡的な制度については、外国人及び自国の領域外で生まれた自国民に関する特別な規則を国内の法令で定めることができる。」と規定しており、全額国庫負担の法81条1項の障害福祉年金に係る国籍条項が同条約に違反しないことは明らかである。また、経済的、社会的及び文化的権利に関する国際規約（昭和54年条約第6号）9条は「この規約の締約国は、社会保険その他の社会保障についてのすべての者の権利を認める。」と規定しているが、これは締約国において、社会保障についての権利が国の社会政策により保護されるに値するものであることを確認し、右権利の実現に向けて積極的に社会保障政策を推進すべき政治的責任を負うことを宣明したものであって、個人に対し即時に具体的権利を付与すべきことを定めたものではない。このことは、同規約2条1が締約国において「立法措置その他のすべての適当な方法によりこの規約において認められる権利の完全な実現を漸進的に達成する」ことを求めていることからも明らかである。したがって、同規約は国籍条項を直ちに排斥する趣旨のものとはいえない。さらに、社会保障における内国民及び非内国民の均等待遇に関する条約（いわゆるILO第118号条約）は、わが国はいまだ批准しておらず、国際連合第3回総会の世界人権宣言、同第26回総会の精神薄弱者の権利宣言、同第30回総会の障害者の権利宣言及び国際連合経済社会理事会の1975年5月6日の障害防止及び障害者のリハビリテーションに関する決議は、国際連合ないしその機関の考え方を表明したものであって、加盟国に対して法的拘束力を有するものではない。以上のように、所論の条約、宣言等は、わが国に対して法的拘束力を有しないか、法的拘束力を有していても国籍条項を直ちに排斥する趣旨のものではないから、国籍条項がこれらに抵触することを前提とする憲法98条2項違反の主張は、その前提を欠くというべきである。

　（後略）

指紋押捺事件

(最判 1995 年 12 月 15 日刑集 49 巻 10 号 842 頁)(抄)

(前略)

　指紋は、指先の紋様であり、それ自体では個人の私生活や人格、思想、信条、良心等個人の内心に関する情報となるものではないが、性質上万人不同性、終生不変性をもつので、採取された指紋の利用方法次第では個人の私生活あるいはプライバシーが侵害される危険性がある。このような意味で、指紋の押なつ制度は、国民の私生活上の自由と密接な関連をもつものと考えられる。

　憲法 13 条は、国民の私生活上の自由が国家権力の行使に対して保護されるべきことを規定していると解されるので、個人の私生活上の自由の一つとして、何人もみだりに指紋の押なつを強制されない自由を有するものというべきであり、国家機関が正当な理由もなく指紋の押なつを強制することは、同条の趣旨に反して許されず、また、右の自由の保障は我が国に在留する外国人にも等しく及ぶと解される(最高裁昭和 40 年(あ)第 1187 号同 44 年 12 月 24 日大法廷判決・刑集 23 巻 12 号 1625 頁、最高裁昭和 50 年(行ツ)第 120 号同 53 年 10 月 4 日大法廷判決・民集 32 巻 7 号 1223 頁参照)。

　しかしながら、右の自由も、国家権力の行使に対して無制限に保護されるものではなく、公共の福祉のため必要がある場合には相当の制限を受けることは、憲法 13 条に定められているところである。

　そこで、外国人登録法が定める在留外国人についての指紋押なつ制度についてみると、同制度は、昭和 27 年に外国人登録法(同年法律第 125 号)が立法された際に、同法 1 条の「本邦に在留する外国人の登録を実施することによって外国人の居住関係及び身分関係を明確ならしめ、もって在留外国人の公正な管理に資する」という目的を達成するため、戸籍制度のない外国人の人物特定につき最も確実な制度として制定されたもので、その立法目的には十分な合理性があり、かつ、必要性も肯定できるものである。また、その具体的な制度内容については、立法後累次の改正があり、立法当初 2 年ごとの切替え時に必要とされていた押なつ義務が、その後 3 年ごと、5 年ごとと緩和され、昭和 62 年法律第 102 号によって原則として最初の 1 回のみとされ、また、昭和 33 年法律第 3 号によって在留期間 1 年未満の者の押なつ義務が免除されたほか、平成 4 年法律第 66 号によって永住者(出入国管理及び難民認定法別表第二上欄の永住者の在留資格をもつ者)及び特別永住者(日本国との平和条約に基づき日本の国籍を離脱した者等の出入国管理に関する特例法

に定める特別永住者）につき押なつ制度が廃止されるなど社会の状況変化に応じた改正が行われているが、本件当時の制度内容は、押なつ義務が3年に1度で、押なつ対象指紋も一指のみであり、加えて、その強制も罰則による間接強制にとどまるものであって、精神的、肉体的に過度の苦痛を伴うものとまではいえず、方法としても、一般的に許容される限度を超えない相当なものであったと認められる。

　右のような指紋押なつ制度を定めた外国人登録法14条1項、18条1項8号が憲法13条に違反するものでないことは、当裁判所の判例（前記最高裁昭和44年12月24日大法廷判決、最高裁昭和29年（あ）第2777号同31年12月26日大法廷判決・刑集10巻12号1769頁）の趣旨に徴し明らかであり、所論は理由がない。

　（後略）

定住外国人地方選挙権訴訟

（最判1995年2月28日民集49巻2号639頁）（抄）

（前略）
　憲法第3章の諸規定による基本的人権の保障は、権利の性質上日本国民のみをその対象としていると解されるものを除き、我が国に在留する外国人に対しても等しく及ぶものである。そこで、憲法15条1項にいう公務員を選定罷免する権利の保障が我が国に在留する外国人に対しても及ぶものと解すべきか否かについて考えると、憲法の右規定は、国民主権の原理に基づき、公務員の終局的任免権が国民に存することを表明したものにほかならないところ、主権が「日本国民」に存するものとする憲法前文及び1条の規定に照らせば、憲法の国民主権の原理における国民とは、日本国民すなわち我が国の国籍を有する者を意味することは明らかである。そうとすれば、公務員を選定罷免する権利を保障した憲法15条1項の規定は、権利の性質上日本国民のみをその対象とし、右規定による権利の保障は、我が国に在留する外国人には及ばないものと解するのが相当である。そして、地方自治について定める憲法第8章は、93条2項において、地方公共団体の長、その議会の議員及び法律の定めるその他の吏員は、その地方公共団体の住民が直接これを選挙するものと規定しているのであるが、前記の国民主権の原理及びこれに基づく憲法15条1項の規定の趣旨に鑑み、地方公共団体が我が国の統治機構の不可欠の要素を成すものであることをも併せ考えると、憲法93条2項にいう「住

民」とは、地方公共団体の区域内に住所を有する日本国民を意味するものと解するのが相当であり、右規定は、我が国に在留する外国人に対して、地方公共団体の長、その議会の議員等の選挙の権利を保障したものということはできない。以上のように解すべきことは、当裁判所大法廷判決（最高裁昭和35年（オ）第579号同年12月14日判決・民集14巻14号3037頁、最高裁昭和50年（行ツ）第120号同53年10月4日判決・民集32巻7号1223頁）の趣旨に徴して明らかである。

　このように、憲法93条2項は、我が国に在留する外国人に対して地方公共団体における選挙の権利を保障したものとはいえないが、憲法第8章の地方自治に関する規定は、民主主義社会における地方自治の重要性に鑑み、住民の日常生活に密接な関連を有する公共的事務は、その地方の住民の意思に基づきその区域の地方公共団体が処理するという政治形態を憲法上の制度として保障しようとする趣旨に出たものと解されるから、我が国に在留する外国人のうちでも永住者等であってその居住する区域の地方公共団体と特段に緊密な関係を持つに至ったと認められるものについて、その意思を日常生活に密接な関連を有する地方公共団体の公共的事務の処理に反映させるべく、法律をもって、地方公共団体の長、その議会の議員等に対する選挙権を付与する措置を講ずることは、憲法上禁止されているものではないと解するのが相当である。しかしながら、右のような措置を講ずるか否かは、専ら国の立法政策にかかわる事柄であって、このような措置を講じないからといって違憲の問題を生ずるものではない。以上のように解すべきことは、当裁判所大法廷判決（前掲昭和35年12月14日判決、最高裁昭和37年（あ）第900号同38年3月27日判決・刑集17巻2号121頁、最高裁昭和49年（行ツ）第75号同51年4月14日判決・民集30巻3号223頁、最高裁昭和54年（行ツ）第65号同58年4月27日判決・民集37巻3号345頁）の趣旨に徴して明らかである。

　以上検討したところによれば、地方公共団体の長及びその議会の議員の選挙の権利を日本国民たる住民に限るものとした地方自治法11条、18条、公職選挙法9条2項の各規定が憲法15条1項、93条2項に違反するものということはできず、その他本件各決定を維持すべきものとした原審の判断に憲法の右各規定の解釈の誤りがあるということもできない。

　（後略）

崔善愛（再入国不許可処分取消等請求）事件

(最判 1998 年 10 年 4 月 10 日民集 52 巻 3 号 677 頁)（抄）

（前略）
　我が国に在留する外国人は、憲法上、外国へ一時旅行する自由を保障されているものでないことは、当裁判所大法廷判決（最高裁昭和 29 年・第 3594 号同 32 年 6 月 199 日判決・刑集 11 巻 6 号 1663 頁、最高裁昭和 50 年（行ツ）第 120 号同 53 年 10 月 4 日判決・民集 32 巻 7 号 1223 頁）の趣旨に徴して明らかである（最高裁平成元年（行ツ）第 2 号同 4 年 11 月 16 日第 1 小法廷判決・裁判集民事 166 号 575 頁参照）。右と同旨の原審の判断は、正当として是認することができ、論旨は採用することができない。
　…出入国管理特別法 1 条の規定に基づき本邦で永住することを許可されている大韓民国国民については、日韓地位協定 3 条、出入国管理特別法 6 条 1 項所定の事由に該当する場合に限って、出入国管理及び難民認定法 24 条の規定による退去強制をすることができるものとされていることに加えて、日韓地位協定 4 条（a）の規定により、日本国政府は我が国における教育、生活保護及び国民健康保険に関する事項について妥当な考慮を払うものとされ、右規定の趣旨に沿って行政運用上日本国民と同等の取扱いがされているのであって、このような協定永住資格を有する者による再入国の許可申請に対する法務大臣の許否の判断に当たっては、その者の本邦における生活の安定という観点をもしんしゃくすべきである。しかるところ、本件不許可処分がされた結果、上告人は、協定永住資格を保持したまま留学を目的として米国へ渡航することが不可能となり、協定永住資格を保持するために右渡航を断念するか又は右渡航を実現するために協定永住資格を失わざるを得ない状況に陥ったものということができるのであって、本件不許可処分によって上告人の受けた右の不利益は重大である。
　しかしながら、そもそも、外国人登録法が定める指紋押なつ制度は、本邦に在留する外国人の登録を実施することによって外国人の居住関係及び身分関係を明確ならしめ、もって在留外国人の公正な管理に資するという目的を達成するため、戸籍制度のない外国人の人物特定につき最も確実な制度として規定されたものであって、出入国の公正な管理を図るという出入国管理行政の目的にも資するものであるから、法務大臣が、指紋押なつの拒否が出入国管理行政にもたらす弊害にかんがみ、再入国の許可申請に対する許否の判断に当たって、右申請をした外国人が同法の規定に違反して指紋の押なつを拒否しているという事情を右申請を許可することが相当でない事由として

考慮すること自体は、法務大臣の前記裁量権の合理的な行使として許容し得るものというべきである。のみならず、その後の推移はともかく、本件不許可処分がされた当時は、指紋押なつ拒否運動が全国的な広がりを見せ、指紋の押なつを留保する者が続出するという社会情勢の下にあって、出入国管理行政に少なからぬ弊害が生じていたとみられるのであり、被上告人において、指紋押なつ制度を維持して在留外国人及びその出入国の公正な管理を図るため、指紋押なつ拒否者に対しては再入国の許可を与えないという方針で臨んだこと自体は、その必要性及び合理性を肯定し得るところであり、その結果、外国人の在留資格いかんを問わずに右方針に基づいてある程度統一的な運用を行うことになったとしても、それなりにやむを得ないところがあったというべきである。他方で、前記事実関係等によれば、上告人は、本件不許可処分の前のみならずその後も指紋押なつの拒否を繰り返しており、上告人が外国人登録制度を遵守しないことを表明し、これを実施したものと被上告人に受け止められても無理からぬ面があったといえなくもない。
　右のような本件不許可処分がされた当時の社会情勢や指紋押なつ制度の維持による在留外国人及びその出入国の公正な管理の必要性その他の諸事情に加えて、前示のとおり、再入国の許否の判断に関する法務大臣の裁量権の範囲がその性質上広範なものとされている趣旨にもかんがみると、協定永住資格を有する者についての法務大臣の右許否の判断に当たってはその者の本邦における生活の安定という観点をもしんしゃくすべきであることや、本件不許可処分が上告人に与えた不利益の大きさ、本件不許可処分以降、在留外国人の指紋押なつ義務が軽減され、協定永住資格を有する者についてはさらに指紋押なつ制度自体が廃止されるに至った経緯等を考慮してもなお、右処分に係る法務大臣の判断が社会通念上著しく妥当性を欠くことが明らかであるとはいまだ断ずることができないものというべきである。したがって、右判断は、裁量権の範囲を超え、又はその濫用があったものとして違法であるとまでいうことはできない。
　（後略）

地方公務員管理職昇任差別事件

(最大判 2005 年 1 月 26 日民集 59 巻 1 号 128 頁)（抄）

(前略)
　原審の上記判断の理由の概要は、次のとおりである。
　(1) 日本の国籍を有しない者は、憲法上、国又は地方公共団体の公務員に就任する権利を保障されているということはできない。
　(2) 地方公務員の中でも、管理職は、地方公共団体の公権力を行使し、又は公の意思の形成に参画するなど地方公共団体の行う統治作用にかかわる蓋然性の高い職であるから、地方公務員に採用された外国人が、日本の国籍を有する者と同様、当然に管理職に任用される権利を保障されているとすることは、国民主権の原理に照らして問題がある。しかしながら、管理職の職務は広範多岐に及び、地方公共団体の行う統治作用、特に公の意思の形成へのかかわり方、その程度は様々なものがあり得るのであり、公権力を行使することなく、また、公の意思の形成に参画する蓋然性が少なく、地方公共団体の行う統治作用にかかわる程度の弱い管理職も存在する。したがって、職務の内容、権限と統治作用とのかかわり方、その程度によって、外国人を任用することが許されない管理職とそれが許される管理職とを分別して考える必要がある。そして、後者の管理職については、我が国に在住する外国人をこれに任用することは、国民主権の原理に反するものではない。
　(3) 上告人の管理職には、企画や専門分野の研究を行うなどの職務を行い、事案の決定権限を有せず、事案の決定過程にかかわる蓋然性も少ない管理職も若干存在している。このように、管理職に在る者が事案の決定過程に関与するといっても、そのかかわり方、その程度は様々であるから、上告人の管理職について一律に外国人の任用（昇任）を認めないとするのは相当でなく、その職務の内容、権限と事案の決定とのかかわり方、その程度によって、外国人を任用することが許されない管理職とそれが許される管理職とを区別して任用管理を行う必要がある。そして、後者の管理職への任用については、我が国に在住する外国人にも憲法 22 条 1 項、14 条 1 項の各規定による保障が及ぶものというべきである。
　(4) 上告人の職員が課長級の職に昇任するためには、管理職選考を受験する必要があるところ、課長級の管理職の中にも外国籍の職員に昇任を許しても差し支えないものも存在するというべきであるから、外国籍の職員から管理職選考の受験の機会を奪うことは、外国籍の職員の課長級の管理職への昇任のみちを閉ざすものであり、憲法 22 条 1 項、14 条 1 項に違反する違

法な措置である。被上告人は、上告人の職員の違法な措置のために平成6年度及び同7年度の管理職選考を受験することができなかった。被上告人がこれにより被った精神的損害を慰謝するには各20万円が相当である。

4　しかしながら、前記事実関係等の下で被上告人の慰謝料請求を認容すべきものとした原審の判断は、是認することができない。その理由は、次のとおりである。

（1）地方公務員法は、一般職の地方公務員（以下「職員」という。）に本邦に在留する外国人（以下「在留外国人」という。）を任命することができるかどうかについて明文の規定を置いていないが（同法19条1項参照）、普通地方公共団体が、法による制限の下で、条例、人事委員会規則等の定めるところにより職員に在留外国人を任命することを禁止するものではない。普通地方公共団体は、職員に採用した在留外国人について、国籍を理由として、給与、勤務時間その他の勤務条件につき差別的取扱いをしてはならないものとされており（労働基準法3条、112条、地方公務員法58条3項）、地方公務員法24条6項に基づく給与に関する条例で定められる昇格（給料表の上位の職務の級への変更）等も上記の勤務条件に含まれるものというべきである。しかし、上記の定めは、普通地方公共団体が職員に採用した在留外国人の処遇につき合理的な理由に基づいて日本国民と異なる取扱いをすることまで許されないとするものではない。また、そのような取扱いは、合理的な理由に基づくものである限り、憲法14条1項に違反するものでもない。

管理職への昇任は、昇格等を伴うのが通例であるから、在留外国人を職員に採用するに当たって管理職への昇任を前提としない条件の下でのみ就任を認めることとする場合には、そのように取り扱うことにつき合理的な理由が存在することが必要である。

（2）地方公務員のうち、住民の権利義務を直接形成し、その範囲を確定するなどの公権力の行使に当たる行為を行い、若しくは普通地方公共団体の重要な施策に関する決定を行い、又はこれらに参画することを職務とするもの（以下「公権力行使等地方公務員」という。）については、次のように解するのが相当である。すなわち、公権力行使等地方公務員の職務の遂行は、住民の権利義務や法的地位の内容を定め、あるいはこれらに事実上大きな影響を及ぼすなど、住民の生活に直接間接に重大なかかわりを有するものである。それゆえ、国民主権の原理に基づき、国及び普通地方公共団体による統治の在り方については日本国の統治者としての国民が最終的な責任を負うべきものであること（憲法1条、15条1項参照）に照らし、原則として日本の国籍を有する者が公権力行使等地方公務員に就任することが想定されていると

みるべきであり、我が国以外の国家に帰属し、その国家との間でその国民としての権利義務を有する外国人が公権力行使等地方公務員に就任することは、本来我が国の法体系の想定するところではないものというべきである。

そして、普通地方公共団体が、公務員制度を構築するに当たって、公権力行使等地方公務員の職とこれに昇任するのに必要な職務経験を積むために経るべき職とを包含する一体的な管理職の任用制度を構築して人事の適正な運用を図ることも、その判断により行うことができるものというべきである。そうすると、普通地方公共団体が上記のような管理職の任用制度を構築した上で、日本国民である職員に限って管理職に昇任することができることとする措置を執ることは、合理的な理由に基づいて日本国民である職員と在留外国人である職員とを区別するものであり、上記の措置は、労働基準法3条にも、憲法14条1項にも違反するものではないと解するのが相当である。そして、この理は、前記の特別永住者についても異なるものではない。

（3）これを本件についてみると、前記事実関係等によれば、昭和63年4月に上告人に保健婦として採用された被上告人は、東京都人事委員会の実施する平成6年度及び同7年度の管理職選考（選考種別Aの技術系の選考区分医化学）を受験しようとしたが、東京都人事委員会が上記各年度の管理職選考において日本の国籍を有しない者には受験資格を認めていなかったため、いずれも受験することができなかったというのである。そして、当時、上告人においては、管理職に昇任した職員に終始特定の職種の職務内容だけを担当させるという任用管理を行っておらず、管理職に昇任すれば、いずれは公権力行使等地方公務員に就任することのあることが当然の前提とされていたということができるから、上告人は、公権力行使等地方公務員の職に当たる管理職のほか、これに関連する職を包含する一体的な管理職の任用制度を設けているということができる。

そうすると、上告人において、上記の管理職の任用制度を適正に運営するために必要があると判断して、職員が管理職に昇任するための資格要件として当該職員が日本の国籍を有する職員であることを定めたとしても、合理的な理由に基づいて日本の国籍を有する職員と在留外国人である職員とを区別するものであり、上記の措置は、労働基準法3条にも、憲法14条1項にも違反するものではない。

（後略）

裁判官泉德治の反対意見は、次のとおりである。
…特別永住者の法的地位、職業選択の自由の人格権的側面、特別永住者の

住民としての権利等を考慮すれば、自治事務を適正に処理・執行するという目的のために、特別永住者が自己統治の過程に密接に関係する職員以外の職員となることを制限する場合には、その制限に厳格な合理性が要求されるというべきである。
　…課長級の職には、自己統治の過程に密接に関係する職員以外の職員が相当数含まれていることがうかがわれるのである。
　そうすると、自己統治の原理に従い自治事務を処理・執行するという目的を達成する手段として、特別永住者に対し「課長級の職」への第一次選考である本件管理職選考の受験を拒否するということは、上記目的達成のための必要かつ合理的範囲を超えるもので、過度に広範な制限といわざるを得ず、その合理性を否定せざるを得ない。
　…特別永住者である被上告人に対する本件管理職選考の受験拒否は、憲法が規定する法の下の平等及び職業選択の自由の原則に違反するものであることを考えると、国家賠償法1条1項の過失の存在も、これを肯定することができるものというべきである。

国籍法違憲判決

（最大判 2008 年 6 月 4 日民集 62 巻 6 号 1367 頁）（抄）

（前略）
　憲法 10 条は、「日本国民たる要件は、法律でこれを定める。」と規定し、これを受けて、国籍法は、日本国籍の得喪に関する要件を規定している。憲法 10 条の規定は、国籍は国家の構成員としての資格であり、国籍の得喪に関する要件を定めるに当たってはそれぞれの国の歴史的事情、伝統、政治的、社会的及び経済的環境等、種々の要因を考慮する必要があることから、これをどのように定めるかについて、立法府の裁量判断にゆだねる趣旨のものであると解される。しかしながら、このようにして定められた日本国籍の取得に関する法律の要件によって生じた区別が、合理的理由のない差別的取扱いとなるときは、憲法 14 条 1 項違反の問題を生ずることはいうまでもない。すなわち、立法府に与えられた上記のような裁量権を考慮しても、なおそのような区別をすることの立法目的に合理的な根拠が認められない場合、又はその具体的な区別と上記の立法目的との間に合理的関連性が認められない場合には、当該区別は、合理的な理由のない差別として、同項に違反するものと解されることになる。

巻末資料（重要判例抄録）

　日本国籍は、我が国の構成員としての資格であるとともに、我が国において基本的人権の保障、公的資格の付与、公的給付等を受ける上で意味を持つ重要な法的地位でもある。一方、父母の婚姻により嫡出子たる身分を取得するか否かということは、子にとっては自らの意思や努力によっては変えることのできない父母の身分行為に係る事柄である。したがって、このような事柄をもって日本国籍取得の要件に関して区別を生じさせることに合理的な理由があるか否かについては、慎重に検討することが必要である。
　ア　国籍法3条の規定する届出による国籍取得の制度は、法律上の婚姻関係にない日本国民である父と日本国民でない母との間に出生した子について、父母の婚姻及びその認知により嫡出子たる身分を取得すること（以下「準正」という。）のほか同条1項の定める一定の要件を満たした場合に限り、法務大臣への届出によって日本国籍の取得を認めるものであり、日本国民である父と日本国民でない母との間に出生した嫡出子が生来的に日本国籍を取得することとの均衡を図ることによって、同法の基本的な原則である血統主義を補完するものとして、昭和59年法律第45号による国籍法の改正において新たに設けられたものである。
　そして、国籍法3条1項は、日本国民である父が日本国民でない母との間の子を出生後に認知しただけでは日本国籍の取得を認めず、準正のあった場合に限り日本国籍を取得させることとしており、これによって本件区別が生じている。このような規定が設けられた主な理由は、日本国民である父が出生後に認知した子については、父母の婚姻により嫡出子たる身分を取得することによって、日本国民である父との生活の一体化が生じ、家族生活を通じた我が国社会との密接な結び付きが生ずることから、日本国籍の取得を認めることが相当であるという点にあるものと解される。また、上記国籍法改正の当時には、父母両系血統主義を採用する国には、自国民である父の子について認知だけでなく準正のあった場合に限り自国籍の取得を認める国が多かったことも、本件区別が合理的なものとして設けられた理由であると解される。
　イ　日本国民を血統上の親として出生した子であっても、日本国籍を生来的に取得しなかった場合には、その後の生活を通じて国籍国である外国との密接な結び付きを生じさせている可能性があるから、国籍法3条1項は、同法の基本的な原則である血統主義を基調としつつ、日本国民との法律上の親子関係の存在に加え我が国との密接な結び付きの指標となる一定の要件を設けて、これらを満たす場合に限り出生後における日本国籍の取得を認めることとしたものと解される。このような目的を達成するため準正その他の要件

が設けられ、これにより本件区別が生じたのであるが、本件区別を生じさせた上記の立法目的自体には、合理的な根拠があるというべきである。

また、国籍法3条1項の規定が設けられた当時の社会通念や社会的状況の下においては、日本国民である父と日本国民でない母との間の子について、父母が法律上の婚姻をしたことをもって日本国民である父との家族生活を通じた我が国との密接な結び付きの存在を示すものとみることには相応の理由があったものとみられ、当時の諸外国における前記のような国籍法制の傾向にかんがみても、同項の規定が認知に加えて準正を日本国籍取得の要件としたことには、上記の立法目的との間に一定の合理的関連性があったものということができる。

ウ　しかしながら、その後、我が国における社会的、経済的環境等の変化に伴って、夫婦共同生活の在り方を含む家族生活や親子関係に関する意識も一様ではなくなってきており、今日では、出生数に占める非嫡出子の割合が増加するなど、家族生活や親子関係の実態も変化し多様化してきている。このような社会通念及び社会的状況の変化に加えて、近年、我が国の国際化の進展に伴い国際的交流が増大することにより、日本国民である父と日本国民でない母との間に出生する子が増加しているところ、両親の一方のみが日本国民である場合には、同居の有無など家族生活の実態においても、法律上の婚姻やそれを背景とした親子関係の在り方についての認識においても、両親が日本国民である場合と比べてより複雑多様な面があり、その子と我が国との結び付きの強弱を両親が法律上の婚姻をしているか否かをもって直ちに測ることはできない。これらのことを考慮すれば、日本国民である父が日本国民でない母と法律上の婚姻をしたことをもって、初めて子に日本国籍を与えるに足りるだけの我が国との密接な結び付きが認められるものとすることは、今日では必ずしも家族生活等の実態に適合するものということはできない。

また、諸外国においては、非嫡出子に対する法的な差別的取扱いを解消する方向にあることがうかがわれ、我が国が批准した市民的及び政治的権利に関する国際規約及び児童の権利に関する条約にも、児童が出生によっていかなる差別も受けないとする趣旨の規定が存する。さらに、国籍法3条1項の規定が設けられた後、自国民である父の非嫡出子について準正を国籍取得の要件としていた多くの国において、今日までに、認知等により自国民との父子関係の成立が認められた場合にはそれだけで自国籍の取得を認める旨の法改正が行われている。

以上のような我が国を取り巻く国内的、国際的な社会的環境等の変化に照らしてみると、準正を出生後における届出による日本国籍取得の要件として

おくことについて、前記の立法目的との間に合理的関連性を見いだすことがもはや難しくなっているというべきである。

エ　一方、国籍法は、前記のとおり、父母両系血統主義を採用し、日本国民である父又は母との法律上の親子関係があることをもって我が国との密接な結び付きがあるものとして日本国籍を付与するという立場に立って、出生の時に父又は母のいずれかが日本国民であるときには子が日本国籍を取得するものとしている（2条1号）。その結果、日本国民である父又は母の嫡出子として出生した子はもとより、日本国民である父から胎児認知された非嫡出子及び日本国民である母の非嫡出子も、生来的に日本国籍を取得することとなるところ、同じく日本国民を血統上の親として出生し、法律上の親子関係を生じた子であるにもかかわらず、日本国民である父から出生後に認知された子のうち準正により嫡出子たる身分を取得しないものに限っては、生来的に日本国籍を取得しないのみならず、同法3条1項所定の届出により日本国籍を取得することもできないことになる。このような区別の結果、日本国民である父から出生後に認知されたにとどまる非嫡出子のみが、日本国籍の取得について著しい差別的取扱いを受けているものといわざるを得ない。

日本国籍の取得が、前記のとおり、我が国において基本的人権の保障等を受ける上で重大な意味を持つものであることにかんがみれば、以上のような差別的取扱いによって子の被る不利益は看過し難いものというべきであり、このような差別的取扱いについては、前記の立法目的との間に合理的関連性を見いだし難いといわざるを得ない。とりわけ、日本国民である父から胎児認知された子と出生後に認知された子との間においては、日本国民である父との家族生活を通じた我が国社会との結び付きの程度に一般的な差異が存するとは考え難く、日本国籍の取得に関して上記の区別を設けることの合理性を我が国社会との結び付きの程度という観点から説明することは困難である。また、父母両系血統主義を採用する国籍法の下で、日本国民である母の非嫡出子が出生により日本国籍を取得するにもかかわらず、日本国民である父から出生後に認知されたにとどまる非嫡出子が届出による日本国籍の取得すら認められないことには、両性の平等という観点からみてその基本的立場に沿わないところがあるというべきである。

オ　上記ウ、エで説示した事情を併せ考慮するならば、国籍法が、同じく日本国民との間に法律上の親子関係を生じた子であるにもかかわらず、上記のような非嫡出子についてのみ、父母の婚姻という、子にはどうすることもできない父母の身分行為が行われない限り、生来的にも届出によっても日本国籍の取得を認めないとしている点は、今日においては、立法府に与えられ

た裁量権を考慮しても、我が国との密接な結び付きを有する者に限り日本国籍を付与するという立法目的との合理的関連性の認められる範囲を著しく超える手段を採用しているものというほかなく、その結果、不合理な差別を生じさせているものといわざるを得ない。

…本件区別については、これを生じさせた立法目的自体に合理的な根拠は認められるものの、立法目的との間における合理的関連性は、我が国の内外における社会的環境の変化等によって失われており、今日において、国籍法3条1項の規定は、日本国籍の取得につき合理性を欠いた過剰な要件を課するものとなっているというべきである。しかも、本件区別については、前記（2）エで説示した他の区別も存在しており、日本国民である父から出生後に認知されたにとどまる非嫡出子に対して、日本国籍の取得において著しく不利益な差別的取扱いを生じさせているといわざるを得ず、国籍取得の要件を定めるに当たって立法府に与えられた裁量権を考慮しても、この結果について、上記の立法目的との間において合理的関連性があるものということはもはやできない。

そうすると、本件区別は、遅くとも上告人が法務大臣あてに国籍取得届を提出した当時には、立法府に与えられた裁量権を考慮してもなおその立法目的との間において合理的関連性を欠くものとなっていたと解される。

したがって、上記時点において、本件区別は合理的な理由のない差別となっていたといわざるを得ず、国籍法3条1項の規定が本件区別を生じさせていることは、憲法14条1項に違反するものであったというべきである。…

裁判官泉德治の補足意見は、次のとおりである。

国籍法3条1項は、日本国民の子のうち同法2条の適用対象とならないものに対する日本国籍の付与について、「父母の婚姻」を要件とすることにより、父に生後認知され「父母の婚姻」がない非嫡出子を付与の対象から排除している。これは、日本国籍の付与に関し、非嫡出子であるという社会的身分と、日本国民である親が父であるという親の性別により、父に生後認知された非嫡出子を差別するものである。

この差別は、差別の対象となる権益が日本国籍という基本的な法的地位であり、差別の理由が憲法14条1項に差別禁止事由として掲げられている社会的身分及び性別であるから、それが同項に違反しないというためには、強度の正当化事由が必要であって、国籍法3条1項の立法目的が国にとり重要なものであり、この立法目的と、「父母の婚姻」により嫡出子たる身分を取得することを要求するという手段との間に、事実上の実質的関連性が存すること

が必要である。

　…日本国民である父に生後認知された非嫡出子は、「父母の婚姻」により嫡出子たる身分を取得していなくても、父との間で法律上の親子関係を有し、互いに扶養の義務を負う関係にあって、日本社会との結合関係を現に有するものである。…家族関係が多様化しつつある現在の日本において、上記非嫡出子の日本社会との結合関係が、「父母の婚姻」がない限り希薄であるとするのは、型にはまった画一的な見方といわざるを得ない。

　したがって、前記の立法目的と、日本国民である父に生後認知された子のうち「父母の婚姻」により嫡出子たる身分を取得したものに限って日本国籍を付与することとした手段との間には、事実上の実質的関連性があるとはいい難い。

　結局、国籍法3条1項が日本国籍の付与につき非嫡出子という社会的身分及び親の性別により設けた差別は、強度の正当化事由を有するものということはできず、憲法14条1項の規定に違反するといわざるを得ない。

　そして、上告人らに対しては、国籍法3条1項から「父母の婚姻」の部分を除いたその余の規定の適用により、日本国籍が付与されるべきであると考える。…上記のような国籍法3条1項の適用は、「すべての児童は、国籍を取得する権利を有する」ことを規定した市民的及び政治的権利に関する国際規約24条3項や児童の権利に関する条約7条1項の趣旨にも適合するものである。

（後略）

永住者生活保護事件

（最判 2014 年 7 月 18 日 LEX/DB25504546）（抄）

（前略）

　難民条約等への加入及びこれに伴う国会審議を契機として、国が外国人に対する生活保護について一定の範囲で法的義務を負い、一定の範囲の外国人に対し日本国民に準じた生活保護法上の待遇を与えることを立法府と行政府が是認したものということができ、一定の範囲の外国人において上記待遇を受ける地位が法的に保護されることになったものである。また、生活保護の対象となる外国人の範囲を永住的外国人に限定したことは、これが生活保護法の制度趣旨を理由としていることからすれば、外国人に対する同法の準用を前提としたものとみるのが相当である。よって、一定の範囲の外国人も

生活保護法の準用による法的保護の対象になるものと解するのが相当であり、永住的外国人である被上告人はその対象となるものというべきである。
　しかしながら、原審の上記判断は是認することができない。その理由は、次のとおりである。
　（１）…旧生活保護法は、その適用の対象につき「国民」であるか否かを区別していなかったのに対し、現行の生活保護法は、１条及び２条において、その適用の対象につき「国民」と定めたものであり、このように同法の適用の対象につき定めた上記各条にいう「国民」とは日本国民を意味するものであって、外国人はこれに含まれないものと解される。
　そして、現行の生活保護法が制定された後、現在に至るまでの間、同法の適用を受ける者の範囲を一定の範囲の外国人に拡大するような法改正は行われておらず、同法上の保護に関する規定を一定の範囲の外国人に準用する旨の法令も存在しない。
　したがって、生活保護法を始めとする現行法令上、生活保護法が一定の範囲の外国人に適用され又は準用されると解すべき根拠は見当たらない。
　（２）また、本件通知は行政庁の通達であり、それに基づく行政措置として一定範囲の外国人に対して生活保護が事実上実施されてきたとしても、そのことによって、生活保護法１条及び２条の規定の改正等の立法措置を経ることなく、生活保護法が一定の範囲の外国人に適用され又は準用されるものとなると解する余地はなく、…我が国が難民条約等に加入した際の経緯を勘案しても、本件通知を根拠として外国人が同法に基づく保護の対象となり得るものとは解されない。なお、本件通知は、その文言上も、生活に困窮する外国人に対し、生活保護法が適用されずその法律上の保護の対象とならないことを前提に、それとは別に事実上の保護を行う行政措置として、当分の間、日本国民に対する同法に基づく保護の決定実施と同様の手続により必要と認める保護を行うことを定めたものであることは明らかである。
　（３）以上によれば、外国人は、行政庁の通達等に基づく行政措置により事実上の保護の対象となり得るにとどまり、生活保護法に基づく保護の対象となるものではなく、同法に基づく受給権を有しないものというべきである。
　（後略）

ヘイトスピーチ街頭宣伝差止め等請求事件

(最決 2014 年 12 月 9 日)（抄）

「本件上告を棄却する。
本件を上告審として受理しない。…
1　上告について
　民事事件について最高裁判所に上告をすることが許されるのは、民訴法312条1項又は2項所定の場合に限られるところ、本件上告理由は、違憲及び理由の不備・食違いをいうが、その実質は事実誤認又は単なる法令違反を主張するものであって、明らかに上記各項に規定する事由に該当しない。
2　上告受理申立てについて
　本件申立ての理由によれば、本件は、民訴法318条1項により受理すべきものとは認められない。
　よって、裁判官全員一致の意見で、主文のとおり決定する」。

ヘイトスピーチ街頭宣伝差止め等請求事件

(大阪高 2014 年 7 月 8 日判時 2232 号 34 頁）（抄）

（前略）
　人種差別撤廃条約は、国法の一形式として国内法的効力を有するとしても、その規定内容に照らしてみれば、国家の国際責任を規定するとともに、憲法13条、14条1項と同様、公権力と個人との関係を規律するものである。すなわち、本件における被控訴人と控訴人らとの間のような私人相互の関係を直接規律するものではなく、私人相互の関係に適用又は類推適用されるものでもないから、その趣旨は、民法709条等の個別の規定の解釈適用を通じて、他の憲法原理や私的自治の原則との調和を図りながら実現されるべきものであると解される。
　したがって、一般に私人の表現行為は憲法21条1項の表現の自由として保障されるものであるが、私人間において一定の集団に属する者の全体に対する人種差別的な発言が行われた場合には、上記発言が、憲法13条、14条1項や人種差別撤廃条約の趣旨に照らし、合理的理由を欠き、社会的に許容し得る範囲を超えて、他人の法的利益を侵害すると認められるときは、民法709条にいう「他人の権利又は法律上保護される利益を侵害した」との要件を満たすと解すべきであり、これによって生じた損害を加害者に賠償させる

ことを通じて、人種差別を撤廃すべきものとする人種差別撤廃条約の趣旨を私人間においても実現すべきものである。
　…人種差別を撤廃すべきものとする人種差別撤廃条約の趣旨は、当該行為の悪質性を基礎付けることになり、理不尽、不条理な不法行為による被害感情、精神的苦痛などの無形損害の大きさという観点から当然に考慮されるべきである。
　…本件示威活動における発言は、その内容に照らして、専ら在日朝鮮人を我が国から排除し、日本人や他の外国人と平等の立場で人権及び基本的自由を享有することを妨害しようとするものであって、日本国籍の有無による区別ではなく、民族的出身に基づく区別又は排除であり、人種差別撤廃条約１条１項にいう「人種差別」に該当するといわなければならない。
　…本件活動は、本件学校が無許可で本件公園を使用していたことが契機となったとはいえ、本件発言の内容は、本件公園の不法占拠を糾弾するだけでなく、在日朝鮮人を劣悪な存在であるとして嫌悪・蔑視し、日本社会で在日朝鮮人が日本人その他の外国人と共存することを否定するものであって、本件発言の主眼は、本件公園の不法占拠を糾弾することではなく、在日朝鮮人を嫌悪・蔑視してその人格を否定し、在日朝鮮人に対する差別意識を世間に訴え、我が国の社会から在日朝鮮人を排斥すべきであるとの見解を声高に主張することにあったというべきであり、主として公益を図る目的であったということはできない。…またそれらの行為が表現の自由によって保護されるべき範囲を超えていることも明らかである。
　…被控訴人は、本件活動により、学校法人としての存在意義、適格性等の人格的利益について社会から受ける客観的評価を低下させられたこと、本件学校の教職員等の関係者が受けた心労や負担も大きかったこと、本件活動により、本件学校における教育業務を妨害され、本件学校の教育環境が損なわれただけでなく、我が国で在日朝鮮人の民族教育を行う社会環境も損なわれたことなどを指摘することができる。…これらは在日朝鮮人を嫌悪・蔑視するものであって、その内容は下品かつ低俗というほかはない。しかも、その態様は、多人数で、多数の児童らが在校する日中に、いきなり押しかけて拡声器を用いて怒号して威嚇し（示威活動〔１〕）、街宣車と拡声器を使用して声高に叫んで気勢を挙げ、広範囲の場所にいる不特定多数の者らに聴取させた（示威活動〔２〕、〔３〕）というものである。これによれば、控訴人らが、在日朝鮮人及び被控訴人の人格を否定し、在日朝鮮人に対する差別の正当性を世に訴え、我が国の社会から在日朝鮮人を排斥すべきであるとの見解を公開の場所で主張したことが明らかである。しかも、合計３度にわたる執拗な

行動である上に、示威活動〔3〕は、本件仮処分決定を無視して実行されたという点においても強い違法性が認められる。さらには、本件示威活動の様子を撮影した映像を、控訴人在特会及び主権会の立場からタイトル等を付した上で、インターネット上の動画サイトに投稿して公開し（本件映像公開）、不特定多数の者による閲覧可能な状態に置いたことは、その映像を広く拡散させて被害を増大させたというだけでなく、映像の流布先で保存されることによって今後も被害が再生産されることを可能としている。以上の事情を総合するならば、本件活動は、その全体を通じ、在日朝鮮人及びその子弟を教育対象とする被控訴人に対する社会的な偏見や差別意識を助長し増幅させる悪質な行為であることは明らかである。

被控訴人は、控訴人らの上記行為によって民族教育事業の運営に重大な支障を来しただけでなく、被控訴人は理不尽な憎悪表現にさらされたもので、その結果、業務が妨害され、社会的評価が低下させられ、人格的利益に多大の打撃を受けており、今後もその被害が拡散、再生産される可能性があるというべきである。また、事件当時、本件学校には134名の児童・園児が在籍していたが、各児童・園児には当然のことながら何らの落ち度がないにもかかわらず、その民族的出自の故だけで、控訴人らの侮蔑的、卑俗的な攻撃にさらされたものであって（児童らが不在であった場合であっても、事件の状況を認識し、又は認識するであろうことは容易に推認できる。）、人種差別という不条理な行為によって被った精神的被害の程度は多大であったと認められ、被控訴人は、それら在校生たちの苦痛の緩和のために多くの努力を払わなければならない。…

被控訴人は、その人格的利益の内容として、学校法人としての存在意義、適格性等の人格的価値について社会から受ける客観的評価である名誉を保持し、本件学校における教育業務として在日朝鮮人の民族教育を行う利益を有するものということができる。一方、本件活動は、被控訴人の本件学校における教育業務を妨害し、被控訴人の学校法人としての名誉を著しく損なうものであって、憲法13条にいう「公共の福祉」に反しており、表現の自由の濫用であって、法的保護に値しないといわざるを得ない。

…本件発言は、本件公園の不法占拠を口実として、在日朝鮮人を嫌悪・蔑視してその人格を否定し、在日朝鮮人に対する差別意識を世間に訴え、我が国の社会から在日朝鮮人を排斥すべきであると主張することに主眼があったというべきである。…これらの事情を総合するならば、本件活動後、本件学校が他の学校に統合され、本件公園から離れた新校舎に移転したとしても、新校舎の周辺で本件活動と同様な不法行為が行われるおそれがないとはいえ

ない。
　以上の次第で、被控訴人の請求は原審が認容した限度で理由があるから認容し、その余は理由がないから棄却すべきであり、これと同旨の原判決は相当である。

索　引

アルファベット
A規約　43
B規約　44
TVE（technical and vocational education）　84

あ行
アクセス可能性　82
新しい在留制度　168
アミネ・カリル事件　41
一在留一在留資格　145
一時庇護上陸　165
営業の自由　47
永住許可に関するガイドライン　129
永住市民権　69
永住者　124, 128
　——生活保護事件　19
　——等　11
　——の配偶者等　124, 129
援護法　63
オーバーステイ（超過滞在）　157
恩給法　63

か行
外国人　155
　——集住都市会議　20
　——住民票　168
　——登録制度　168
　——の態様　11
　——の日本語教育を受ける権利　92
　——類型化論　97, 100
仮滞在　165
仮放免　157
寛容　90
帰化　129
基礎教育　84

技能実習　50
　——制度　150
義務教育　83
　——を受ける機会　87
教育を受ける権利　21, 78
経済的、社会的及び文化的権利に関する国際規約（社会権規約）　60
健康についての権利　60
鉱業法　57
公権力行使等地方公務員　113
後退禁止原則　61
公的教育を受ける権利　92
公的扶助　164
高度外国人材受入れ制度　150
高度人材ポイント制　152
高度専門職　152
公務就任権　23, 94, 110, 112, 113
国際結婚　127
国政禁止・地方許容説　100, 102, 106
国籍条項　63, 65
国籍法違憲判決　39
国籍要件　164
国民主権　94, 99-103, 105, 107, 113, 114, 120
国民年金法　65
個人通報　64
国家補償　63
子どもの就学機会　87
個別的労働権　51

さ行
最底辺　159
在留カード　149, 168
在留資格の変更、在留期間の更新許可のガイドライン　147

在留制度の枠内　158
在留特別許可　73
　──に係るガイドライン　40
塩見訴訟　18
資格外活動　50, 145
執行停止　161
市民的及び政治的権利に関する国際
　規約（自由権規約）　61
市民的権利　15
指紋押捺事件　16, 33
社会権規約　43
　──13条の一般的意見　81
　──委員会　61
社会手当　164
社会福祉　164
社会保険　164
社会保障　164
　──についての権利　60
社会連帯　69
　──原理　73
自由権規約　44
住宅保障　164
住民基本台帳法　75
住民自治　100, 115, 120
住民登録　75
収容　160
　──令書　157
就労活動　143
受益権　16
職場移転の自由　151
初等教育　82
人身の自由　160
生活保護法　70
性質説　12
生存権　67
生体情報　148
生命権　60
全件収容主義　161
相互主義　58
想定の法理　24
相当性　147

その他の正規滞在者　12

た行
退学事件　85, 92
退去強制令書　157
高槻マイノリティ教育権訴訟　85, 88
多文化共生推進協議会　20
多文化共生推進条例　16
多文化主義　90
地域における多文化共生推進プラン　20
崔善愛事件　30
地方公務員管理職昇任差別事件　23
地方選挙権　23, 96, 105-107
　──・被選挙権　95
中長期在留者　122, 149, 168
中等教育　83
直接適用可能性　67
定住外国人地方選挙権訴訟　23
定住者　124
東京国際学園事件　56
当然の法理　24, 111-113, 133
特定活動　164
特別永住者　97, 112, 114, 115, 118, 124

な行
内外人平等原則　54, 68
難民条約　62
難民（認定）申請者　157
二風谷ダム事件判決　79, 91
日本人の配偶者等　124
入居拒否人種差別事件　35
入国・在留管理システム　144
入店拒否人種差別事件　35
入浴拒否人種差別事件　35

は行
非熟練労働　143
非正規滞在者　12, 155

日立製作所事件　55
平等主義　58
普通教育の内容　86
不法残留　157
不法上陸　156
不法滞在者　155
不法入国　156
文化国家　77
文化的権利　90
文化的な生活に参加する権利　78
ヘイトスピーチ街頭宣伝差止め等請求事件　29
別表第1　142
包括的人権　16

ま行
マイノリティの教育権　88
マイノリティの文化享有権　78
マクリーン事件（判決）　12, 45, 85, 125, 158
民主教育　90
民族固有の教育内容　86
無資格就労者　18

や行
優遇措置　152

ら行
利用可能性　82
林栄開事件　29
労働基本権（団結権）　51

【執筆者紹介】（執筆順）

近藤　敦（こんどう　あつし）
※編著者紹介欄参照

奥貫妃文（おくぬき　ひふみ）
相模女子大学人間社会学部社会マネジメント学科専任講師。法学修士（中央大学大学院法学研究科民事法専攻）。日本労働法学会誌編集委員。東京社会福祉士会低所得者支援委員会委員。専門は労働法ならびに社会保障法。主な著書として、『労働法解体新書〔第3版〕』（法律文化社、2011年）、『日本で暮らす移住者の貧困』〈移住連ブックレット4〉（現代人文社、2011年）など（いずれも共著）。

申　惠丰（しん　へぼん）
1966年東京生まれ。ジュネーブ国際高等研究所修士課程、東京大学法学政治学研究科博士課程修了、法学博士。専門は国際法・国際人権法。青山学院大学法学部教授。現在、国際人権法学会事務局長も務める。主著に『人権条約上の国家の義務』（日本評論社、1999年）、『人権条約の現代的展開』（信山社、2009年）、『国際人権法──国際基準のダイナミズムと国内法との協調』（信山社、2013年）など。

佐藤潤一（さとう　じゅんいち）
1972年東京生まれ。2003年専修大学大学院法学研究科博士後期課程修了、博士（法学）。2014年4月より大阪産業大学教養部教授。2010年4月～2011年3月までクイーンズランド大学客員研究員。著書に『平和と人権──憲法と国際人権法の交錯』（晃洋書房、2011年）、『日本国憲法における「国民」概念の限界と「市民」概念の可能性──「外国人法制」の憲法的統制に向けて』（専修大学出版局、2004年）（以上単著）、松井幸夫編著『変化するイギリス憲法──ニュー・レイバーとイギリス「憲法改革」』（敬文堂、2005年）（共著）など。

菅原　真（すがわら　しん）
1969年生まれ。東北大学大学院法学研究科博士後期課程修了、博士（法学）。現在、名古屋市立大学大学院人間文化研究科准教授（2015年4月より南山大学法学部教授）。国際人権法学会編集委員、移民政策学会企画委員。専門は憲法。共著に『歴史から読み解く日本国憲法』（法律文化社、2013年）、『フランスの憲法判例Ⅱ』（信山社、2013年）、『ヨーロッパ「憲法」の形成と各国憲法の変化』（信山社、2012年）などがある。

宮崎　真（みやざき　しん）
弁護士。愛知県弁護士会元副会長（2011年度）。国際関係では、日弁連入管PT委員、愛知県弁護士会人権擁護委員会国際人権部会委員、同国際委員会委員等。移民政策学会、国際人権法学会所属。共著に「他民族・多文化の共生する社会を目指して」（第47回日弁連人権擁護大会シンポジウム第1分科会基調報告書、2004年）があり、入管関係等の行政手続や訴訟を手掛けている。

難波　満（なんば　みつる）
弁護士（東京弁護士会）。ロンドン大学政治経済学院修士（人権法）、シンガポール国立大学客員研究員。日弁連人権擁護委員会国際人権部会長、全国難民弁護団連絡会議事務局長、外国人ローヤリングネットワーク事務次長。編著に『コンメンタール　出入国管理及び難民認定法2012』（現代人文社、2012年）、共著に *Stop and Search: Police Power in Global Context*, Routledge, 2012などがある。

関　聡介（せき　そうすけ）
1966年東京都生まれ。弁護士（東京弁護士会）、成蹊大学法科大学院客員教授（実務家教員）。2015年4月から司法研修所教官。移民政策学会監事、NPO法人難民支援協会理事、NPO法人国際活動市民中心〈CINGA〉理事。編著に、『コンメンタール　出入国管理及び難民認定法2012』（2012年）、『日本における難民訴訟の発展と現在──伊藤和夫弁護士在職50周年祝賀論文集』（2010年）、共著に、『外国人刑事弁護マニュアル〔改訂第3版〕』（2008年）、『実務家のための入管法入門〔改訂第2版〕』（2009年、以上、現代人文社）、『「開かれた日本」の構想──移民受け入れと社会統合』〈シリーズ多文化・多言語主義の現在〉（ココ出版、2011年）などがある。

【編著者紹介】
近藤　敦（こんどう　あつし）
名城大学法学部教授。博士（法学、九州大学）。ストックホルム大学・オックスフォード大学・ハーバード大学客員研究員。移民政策学会理事。国際人権法学会理事。専門は憲法。著書に『外国人の人権と市民権』（明石書店、2001年）、『新版 外国人参政権と国籍』（明石書店、2001年）、編著に *Citizenship in a Global World*, Palgrave Macmillan, 2001. *Migration and Globalization: Comparing Immigration Policy in Developed Countries*（明石書店、2008年）、『外国人の法的地位と人権擁護』（明石書店、2002年）、『多文化共生政策へのアプローチ』（明石書店、2011年）などがある。

外国人の人権へのアプローチ

2015年3月31日　初版第1刷発行

　　　編著者　　　　近藤　　敦
　　　発行者　　　　石井　昭男
　　　発行所　　株式会社　明石書店

〒101-0021 東京都千代田区外神田6-9-5
　　　　　　　電話 03 (5818) 1171
　　　　　　　FAX 03 (5818) 1174
　　　　　　　振替 00100-7-24505
　　　　　　　http://www.akashi.co.jp/
　　装丁　　　明石書店デザイン室
　　印刷／製本　日経印刷株式会社

（定価はカバーに表示してあります）　　ISBN978-4-7503-4154-5

JCOPY 〈(社) 出版者著作権管理機構　委託出版物〉
本書の無断複写は著作権法上での例外を除き禁じられています。複写される場合は、そのつど事前に、(社) 出版者著作権管理機構（電話 03-3513-6969、FAX 03-3513-6979、e-mail: info@jcopy.or.jp）の許諾を得てください。

多文化共生政策へのアプローチ
近藤敦編著　●2400円

移民政策へのアプローチ ライフサイクルと多文化共生
川村千鶴子、近藤敦、中本博皓編著　●2800円

外国人の法的地位と人権擁護 [オンデマンド版]
講座・グローバル化する日本と移民問題 第Ⅰ期②
駒井洋監修　近藤敦編著　●3600円

在日外国人と多文化共生 地域コミュニティの視点から
佐竹眞明編著　●3200円

在日外国人と市民権 移民編入の政治学
エリン・エラン・チャン著　阿部温子訳　●3500円

外国人・民族的マイノリティ人権白書2010
外国人人権法連絡会編　●2700円

外国人の人権 外国人の直面する困難の解決をめざして
関東弁護士会連合会編　●3000円

日本で働く非正規滞在者 彼らは「好ましくない外国人労働者」なのか？
鈴木江理子　●5800円

日本の移民政策を考える 人口減少社会の課題「移民選別」時代の到来
依光正哲編著　●1800円

在留特別許可と日本の移民政策
渡戸一郎、鈴木江理子、APFS編著　●2400円

移住労働と世界的経済危機
移民・ディアスポラ研究1
駒井洋監修　明石純一編著　●2800円

東日本大震災と外国人移住者たち
移民・ディアスポラ研究2
駒井洋監修　鈴木江理子編著　●2800円

レイシズムと外国人嫌悪
移民・ディアスポラ研究3
駒井洋監修　小林真生編著　●2800円

移民のヨーロッパ 国際比較の視点から
竹沢尚一郎編著　●3800円

移民政策研究 第5号
移民政策学会編　●2800円

移民政策研究 第6号
移民政策学会編　●3200円

〈価格は本体価格です〉